Naturformen und Hybriden

Phalaenopsis gut gepflegt

Inhalt

SPEZIAL In guter
Gesellschaft

Die richtigen Begleitpflanzen bringen
die Orchideen auf der Fensterbank erst
richtig zur Geltung.

SPEZIAL Umtopfen
Step by Step

Die besten Voraussetzungen für die
erfolgreiche Kultur von *Phalaenopsis* auf
der Fensterbank.

Phalaenopsis –
Juwel der Tropen

Wie große Schmetterlinge, welche die Äste umflattern", so schilderten Naturforscher im 18. Jahrhundert überschwänglich ihre neuen Eindrücke, nachdem sie die ersten *Phalaenopsis*-Arten mit ihren weit herabhängenden Blütenständen in den Tropen entdeckt hatten.

Die Königin der Tropen entwickelte sich seit ihrer Entdeckung zur Königin der Zimmerorchideen, zur Lieblingsorchidee vieler Blumenfreunde weltweit. Lassen auch Sie sich von dieser Orchideen-Gattung faszinieren. Durch die riesige Vielfalt an Blütenformen und -farben findet sich für jeden Geschmack die passende Pflanze und bringt einen Hauch Exotik in Ihr Zuhause.

Zwar sind die reinen Arten weniger für den Anfänger geeignet, aber durch die Züchtung robuster Kreuzungen, die auch mal einen Kulturfehler verzeihen, können Sie diese Orchideen inzwischen problemlos in der eigenen Wohnung kultivieren. Umrahmt von Blatt- und Blütenpflanzen und auch Vertretern anderer Orchideengattungen bieten sie Ihnen so über das ganze Jahr ihre wahre Pracht und Schönheit. So sind sie nicht nur ein Juwel der Tropen, sondern ein Juwel auf Ihrer Fensterbank.

Durch ihre Wüchsigkeit und anhaltende Blühwilligkeit sind sie der ideale Blütenschmuck auf der Fensterbank. Drei Monate und länger stellen manche *Phalaenopsis*-Arten und -Hybriden ihre attraktiven Blüten zur Schau und erfreuen damit Pflanzenfreunde regelmäßig über Jahre hinweg.

Phalaenopsis, *die ideale blühfreudige Bereicherung an Ihrem Blumenfenster.*

Basics

Geschichte der *Phalaenopsis*

Entdeckung

Bereits 1704 berichtete der Jesuitenpater Georg Joseph Kamel (1661–1706) während seiner Missionsreise von der unvorstellbaren Vielfalt der tropischen Pflanzenwelt. Er erwähnte auch die erste Art der Gattung *Phalaenopsis* von der Insel Luzon/ Philippinen, welche er als *Visco-Aloes Luzonis decima quarta* benannte. Übersetzt bedeutet das Mistel-Aloen-ähnlich aus Luzon, zehn viertel. Damit nahm er sowohl Bezug auf die epiphytische Lebensweise als auch den Aufbau der Pflanze und ihres Blütenstandes. Eine wenig später veröffentlichte Zeichnung zeigt, dass es sich um die heute als *Phalaenopsis aphrodite* bezeichnete Art handelt.

Erste Exporte

In der Folgezeit wurde eine Vielzahl weiterer *Phalaenopsis*-Arten in Indonesien und auf den Philippinen gefunden und anfänglich als Einzelstücke über den sechs Monate dauernden Seeweg nach Europa gebracht. Insbesondere in den Gewächshäusern in England versuchte man die natürlichen Standortbedingungen der Arten nachzuempfinden, scheiterte aber oft an den fehlerhaften Kulturmaßnahmen. Die Pflanzen wurden meist in zu feuchter, stickiger Luft gezogen und in Humus gepflanzt. Für gewöhnlich überlebten das die Pflanzen nur kurze Zeit. Deshalb brauchte man Nachschub aus der Natur, um die Bestände in den Gewächshäusern der Herrschaftssitze aufzufüllen. Während des großen „Orchideenfiebers" wurden Tausende Pflanzen einzelner Arten an den Naturstandorten gesammelt und auf Auktionen der großen Orchideenbetriebe in England und Belgien in den Handel gebracht.

Erste Zuchterfolge

Die Mehrzahl der Pflanzen ging bereits auf dem Transport oder bei der Etablierung in den Gewächshäusern ein. Die besten Pflanzen jeder Art wurden selektiert und teils zu sehr hohen Preisen verkauft. Erst in der Zeit zwischen 1880 und 1900 erkannte man mehr und mehr die Voraussetzungen für eine erfolgreiche Kultur. In dieser Zeit gelang es auch erstmals Pflanzen aus Samen nachzuziehen. Dazu streute man den Samen auf dem

Im Zeitraffer

Bis 1950 wurden noch fast alle Pflanzen der Gattung *Phalaenopsis* in der Natur gesammelt und zu Tausenden exportiert.

Die künstliche Anzucht über Samen oder Meristeme macht das Sammeln an den Standorten überflüssig.

Durch die Kreuzung der Arten und Hybriden konnte ein riesiges Farb- und Formenspektrum entwickelt werden.

Import von Phalaenopsis schilleriana um 1920 in die USA.

Pflanzsubstrat älterer Orchideen der Gattung aus; manchmal, aber leider nur sehr selten, hatte man dabei Erfolg.

Erst mit fortschreitenden Kenntnissen über die künstliche Vermehrung der Arten und auch mit der Züchtung der ersten Kreuzungen war es möglich, Pflanzen in ausreichender Stückzahl zu einem annehmbaren Preis zu züchten. Während man anfänglich bei der Zucht und Pflanzenauswahl nur Wert darauf legte, besonders schöne Pflanzen heranzuziehen, lernten die Gärtner

SMART

Namensursprung

› **Der Familienname** der Orchideen leitet sich von dem griechischen Wort orchis = der Hoden ab.

› Die ersten von Pflanzensammlern beschriebenen europäischen Orchideenarten zeigten hodenförmige Pflanzenknollen.

› Daraus leitete sich dann der Name für die ganze weltweit verbreitete Pflanzenfamilie ab, auch wenn die meisten Arten in Wirklichkeit keine hodenförmigen Knollen haben.

schon bald, dass auch die Robustheit der Pflanzen, die Wüchsigkeit und die Blühfreude eine entscheidende Rolle für die Entwicklung der Gattung *Phalaenopsis* im Blumenhandel spielt. Über viele Zuchtgenerationen ist es in den letzten Jahren gelungen sowohl die reinen Arten in annähernd ausreichender Stückzahl künstlich heranzuziehen als auch eine Vielzahl von Kreuzungen zu züchten, die alle Ansprüche der Pflanzenfreunde erfüllen. Dadurch wurde die Gattung *Phalaenopsis* zur beliebtesten Topfpflanze in Europa mit jährlich mehr als zwölf Millionen verkauften Exemplaren. ●

Lebensraum der Gattung *Phalaenopsis*

Geografische Verbreitung

Von Sikkim, über Nordindien, Myanmar und Südchina erstreckt sich das Verbreitungsgebiet der *Phalaenopsis* über ganz Indochina mit Vietnam und Thailand, einschließlich der Andaman-Inseln, Indonesien, den Philippinen bis zur Nordspitze Australiens. Sogar einzelne Vorkommen auf einigen Taiwan vorgelagerten Inseln sind bekannt geworden. Manche Arten haben ein sehr großes Verbreitungsgebiet mit einer Ausdehnung von mehr als 1000 km².

Das Entwicklungszentrum der Gattung befindet sich auf den Philippinen und den indonesischen Inseln. Hier findet man den größten Teil der beschriebenen Arten. So sind aus Indonesien und den Philippinen jeweils mindestens 18 Arten bekannt geworden, aus Thailand vier, aus dem angrenzenden Myanmar sieben und aus Malaysia acht Spezies. Noch immer werden neue Arten entdeckt und offiziell beschrieben.

Naturstandorte

Die Pflanzen sind in unterschiedlichen Höhenlagen, von Meereshöhe bis zu mehr als 2000 Höhenmeter (z. B. in China) anzutreffen. In der Regel wachsen sie unter tropischen Klimabedingungen, lediglich einige chinesische Arten aus Höhenlagen um 2000 m sind an kühlere Standortbedingungen angepasst.

Die Pflanzen wachsen in den meisten Fällen als Aufsitzerpflanzen, als sogenannte Epiphyten an schattigen Plätzen in den mittleren oberen Astbereichen von Bäumen und Sträuchern. Keinesfalls sind sie Schmarotzer, denn sie benutzen die Bäume nur als Unterlage und rauben den Wirten keinerlei Nahrung. Sie klammern sich mit ihren Wurzeln direkt an die Rinde oder wurzeln auf Moospolstern in Astgabeln. Auf den Ästen in ihrer Nachbarschaft findet man eine Vielzahl verschiedener Farnpflanzen und andere Orchideen-Gattungen. Seltener wachsen *Phalaenopsis*-Arten direkt auf dem Boden oder auf Felsen in Moospolstern. Die Wurzeln entwickeln sich

Urlaubssouvenirs

Bringen Sie nie aus Ihrem Urlaub in den tropischen Ländern Orchideen mit.

Der Export und Import lebender und auch getrockneter Pflanzen und Pflanzenteile unterliegt sehr scharfen Bestimmungen.

Verstöße sind mit empfindlichen Strafen belegt.

Phalaenopsis wilsonii am Naturstandort in China.

dabei direkt im luftigen Moos oder in sehr lockerem Blatthumus. *Phalaenopsis*-Orchideen bevorzugen warme Standorte an Waldrändern, oft in der Nähe von Flüssen oder Bächen, sodass die Luftfeuchtigkeit recht hoch ist. Da die epiphytisch wachsenden Pflanzen meist schräg an der Baumrinde haften, kann das Regenwasser auch nach den oft heftigen Regenfällen der Tropen problemlos ablaufen. Während des ganzen Jahres werden die Pflanzen durch Wind mit viel Frischluft ver-

sorgt. Durch die starke Luftbewegung trocknen die Blätter recht schnell ab und

überstehen damit auch die Temperaturabsenkungen in der Nacht problemlos. Die Standorte sind recht hell, aber durch das Blattwerk der Bäume vor direkter Sonneneinstrahlung geschützt. Aus diesen natürlichen Standortbedingungen können Sie schon die ersten Schlüsse zum bevorzugten Standort der Pflanzen und ihre richtige Behandlung im eigenen Wohnzimmer ziehen. Über die Bestäuber der Blüten wurde bislang nichts bekannt, da Beobachtungen am Standort der Pflanzen, insbesondere in den Baumkronen der Bäume über einen längeren Zeitraum fast unmöglich sind. ●

Pflanzen- und Blütenaufbau

Wurzel

Orchideen besitzen zahlreiche glatte, fleischige Wurzeln, welche sich an der Basis des Stammes oder auch zwischen den Blättern entwickeln. Sie sind mit einem silbergrauen, lockeren, schwammigen Gewebe, dem Velamen überzogen und haben eine grüne Wurzelspitze. Die Wurzeln dienen einerseits der Nahrungsaufnahme, der Speicherung von Nährstoffen sowie dem Aufbau von Blattgrün und andererseits als Haftorgane zur Verankerung an den Wirtspflanzen.

Blätter

Phalaenopsis-Orchideen gehören zu den monopodial wachsenden Orchideen, das heißt sie wachsen nur in die Höhe und bilden keine seitlichen Sprossachsen. Sie haben 2–5 mehr oder weniger ledrige gegenständige Blätter, die mit ihrer Basis dachziegelartig den kurzen Stamm überdecken. Etwa alle sechs Monate bildet sich aus der Mitte der Pflanze, dem sogenannten Herzen, ein neues Blatt. Die Blätter sind elliptisch bis länglich lanzettlich geformt und verbreitern sich nach außen.

Nur bei ganz wenigen Arten werden sie in der Natur abgeworfen und anschließend neu gebildet.

Blüten

Der Blütenstand, die Infloreszenz, entspringt seitlich am Stamm unter oder zwischen den Blättern und entwickelt sich je nach Art aufrecht, bogenförmig oder hängend. Manche Arten bilden gleichzeitig mehrere Blütenstände aus, an denen sich die langlebigen Blüten in Form einer Traube oder verzweigten Rispe entwickeln. Die Blüten sind entweder alle gleichzeitig geöffnet oder öffnen sich nacheinander. Die Blütenfarbe variiert von weiß über rosa bis zu gelb und violett mit oft sehr interessanten Zeichnungen. Leider entwickeln die Blüten, bis auf wenige Ausnahmen, keinen Duft.

Unter den oberen Deckblättern des Blütenstandes entwickelt sich das kurze Blütenstielchen und der

---

Gut verwurzelt

Gesunde Wurzeln sind Voraussetzung für gesundes Pflanzenwachstum.

Die Wurzeln sterben aber ab, wenn die Pflanze dauernd im Wasser steht oder der Pflanzstoff bereits zu verdichtetem Humus verrottet ist. Sie brauchen ein immer gut durchlüftetes lockeres Pflanzsubstrat. Sind die lebenswichtigen Wurzeln erst mal abgestorben, stirbt unweigerlich auch die Pflanze.

Fruchtknoten, der die Blüte trägt. Die je nach Art unterschiedlich großen Blütenblätter sind entweder weit ausgebreitet oder krallenartig nach vorn gebogen. Sie sind in einem doppelten Hüllkreis angeordnet. Die äußeren nennt man Kelchblätter (Sepalen), die inneren Kronblätter (Petalen). Bei den Kronblättern ist das untere oft abweichend geformt und gefärbt – es wird Lippe genannt. Diese Lippe ist ein auffälliger, oft prächtig gefärbter und geformter Schauapparat, der als Anziehungspunkt für die bestäubenden Insekten oder andere Bestäuber dient. Zudem ist diese Lippe auch ein entscheidendes Bestimmungsmerkmal. Sie besteht aus einem Mittellappen und zwei Seitenlappen. Der Mittellappen trägt artspezifische

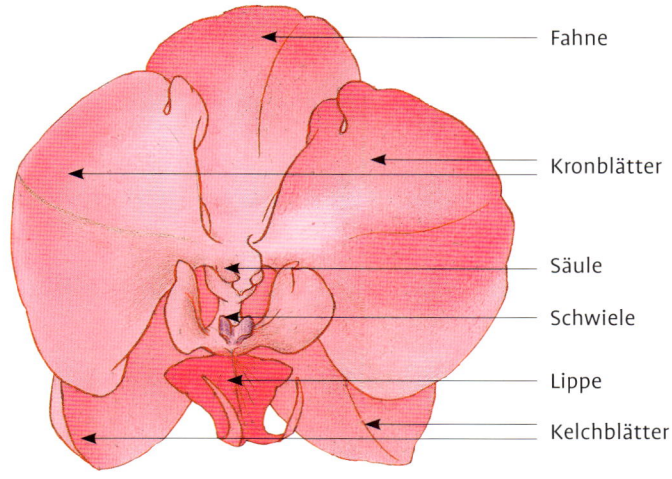

Fahne
Kronblätter
Säule
Schwiele
Lippe
Kelchblätter

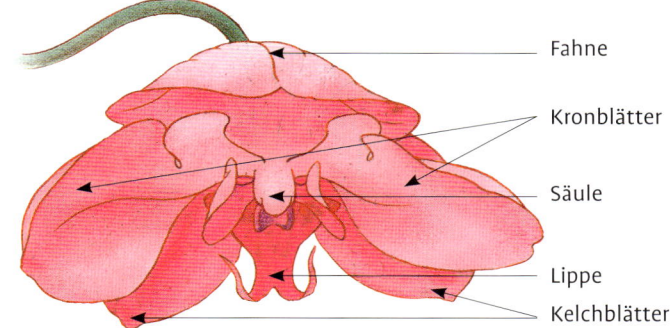

Fahne
Kronblätter
Säule
Lippe
Kelchblätter

Phalaenopsis-Blüte

Verdickungen (Kiele, Wulste, Schwielen oder Kalli), ist unterschiedlich behaart und bei manchen Arten zu langen Fäden ausgezogen. Aus der Blütenmitte ragt die fleischige Säule heraus (Columna oder Gynostemium). Sie trägt an der Spitze einen Hohlraum (Klinandri-um), in den der Staubbeutel (Anthere) hineinragt. Dieser trägt die zwei kugelförmigen Pollinien. Das sind zu einem Paket verbundene Pollen, welche ein kleines Stielchen (Stipes) mit Klebscheibe (Viscidium) besitzen. Dieses haftet dann den bestäubenden Insekten an. ●

Aufbau

Orchideen erfolgreich kaufen

Erkennungsmerkmale

› Sie dürfen sich beim Kauf einer Orchidee nicht nur durch die Schönheit ihrer Blüten betören lassen, sondern sollten unbedingt auch auf „das Grün" achten. Je kräftiger eine Pflanze aussieht, umso älter ist sie. Sie mag vielleicht teurer sein als jüngere, bietet aber, vor allem dem Anfänger, wesentliche Vorteile. Wenn Sie im Umgang mit Orchideen noch kein „alter Hase" sind, so kann Ihnen leicht mal ein Pflegefehler unterlaufen. Solche Fehler verkraftet eine ältere Pflanze einfacher, als eine kleine junge. Außerdem kommen ältere Pflanze leichter und besser, meist auch öfter, zum Blühen.

› Aber nicht immer ist eine sattgrüne Pflanze auch gleichzeitig eine blühfreudige Pflanze. Dunkelgrün ist ein Zeichen von viel Chlorophyll in den Blättern und je dunkler eine Pflanze steht, umso mehr Chlorophyll wird benötigt. Orchideen sind aber meist lichthungrig und im Licht (nicht in der Sonne!) werden die Blätter heller. Das ist völlig normal. Ob eine Pflanze blühfreudig ist, kann man leicht daran erkennen, ob abgeschnittene alte Blütenstände vorhanden sind.

› Beliebt bei Käufern sind vor allem Pflanzen mit zahlreichen Knospen und wenigen geöffneten Blüten, denn man hofft, dass man sich noch besonders lange an den Blüten erfreuen kann. Sie sollten sich aber bewusst

SMART

Kauftipp

› **Ist der Verkaufplatz** von *Phalaenopsis* nicht in einem gewächshausähnlichen Gebäude, so haben die Pflanzen schon zu lange zu wenig Licht erhalten. Die Blüten können bald abfallen oder die Pflanze gar eingehen.
› **Die gleichen Probleme** entstehen, wenn die Pflanzen im Zug stehen.

sein, dass die Knospen durch den Transport oder die neuen Standortbedingungen leicht von der gestressten Pflanze abgeworfen werden können. Dies geschieht besonders häufig in den Wintermonaten! Geöffnete Blüten sind dagegen weit weniger empfindlich.

› Sie sollten außerdem darauf achten, dass die Pflanze ein gutes Wurzelwerk besitzt.
Orchideen sollten in schwarzen oder braunen Kunststofftöpfen kultiviert werden. Tontöpfe sind zu schwer

Qualität ist gefragt

Phalaenopsis-Pflanzen sind keine Sonderangebote oder gar Ramschware! Orchideenkauf ist Vertrauenssache, der nur bei einem Verkäufer mit guter Sachkenntnis getätigt werden sollte.

und für die meisten Orchideen ein zu kaltes Material. Die gerade sehr beliebten, modisch durchsichtigen Töpfe zerbrechen viel schneller als die eingefärbten. Durch diese Klarsicht entstehen außerdem sehr schnell Algen und Moose, die den anfänglichen Vorteil des schnelleren Einwachsens durch das zusätzliche Licht umgehend wieder zunichte machen. Ein Schild mit dem exakten Namen der Pflanze ist ebenfalls sehr wichtig. Denn wenn Sie Fragen haben, dann sollten Sie den exakten Namen Ihrer Phalaenopsis kennen. Denn ein Berater kann mit einer Beschreibungen wie etwa „meine Pflanze hat lange, schmale Blätter" nichts anfangen.

Eine bunte Sammlung von verschiedenen Phalaenopsis-Arten.

Auf die Qualität kommt es an

Orchideen werden heutzutage schon bald „an jeder Ecke" angeboten, entsprechend ist oft auch die erworbene Qualität. Wo Pflanzen in offenen Plastiktüten zum Kauf angeboten werden und vielleicht sogar in mehreren Etagen auf einem Transportwagen stehen, da wird auch die Qualität nicht stimmen. Ganz abgesehen davon, dass diese Art der Präsentation nicht schön aussieht und diesen edlen Pflanzen nicht den würdigen Rahmen bietet. Testen Sie beim Kauf den Anbieter mit Fragen zur Pflanze. Kann er sofort und ohne Nachfragen bei anderen Ihre Neugierde stillen, dann sind Sie hier gut aufgehoben. Bei manchen Anbietern werden Orchideen oftmals sehr preisgünstig verkauft. Versuchen Sie die Gründe dafür herauszufinden! Stehen die Pflanzen schon zu lange? Standen sie im Zug oder zu kalt? Waren sie zu nass? Dann ist die Pflanze auch keinen Cent mehr wert.
Allgemein kann man sagen: Gute Pflanzen sind preiswert. Preiswert heißt allerdings, sie sind ihren Preis wert … ●

Artenschutz

Viele Arten der Orchideen und auch andere Pflanzenfamilien sowie Tier- und Insektenarten sind am Naturstandort in ihrer Existenz bedroht. Ihre Lebensräume sind dem starken Druck durch die Menschen ausgesetzt.

Die Naturräume werden vor allem durch die Abholzung und Brandrodung der tropischen Wälder und die anschließende Umwandlung zu landwirtschaftlichen Nutzflächen, teils zu riesigen Monokulturen, dauernd verkleinert. Auch die Ausdehnung der Städte und großen Siedlungsräume, der Bau von Straßen und Stauseen schränkt immer mehr die natürlichen Habitate ein.

Artenschwund am Standort

Durch die Zerstörung oder die völlige Umwandlung der Lebensräume verschwinden die dort beheimateten Lebewesen. Das übermäßige Sammeln von Pflanzen und Tieren für den Export zur Befriedigung der Nachfrage aus allen Teilen der Welt verstärkte dieses Problem noch zusätzlich. Durch entsprechende Gesetze und weltweite Regulierung soll dieser Entwicklung inzwischen Einhalt geboten werden.

Gesetzliche Regeln zum Artenschutz

Alle Arten der großen Orchideenfamilie stehen unter Artenschutz. Zum Schutz der Pflanzen wurden in allen Staaten Regeln und Gesetze erlassen, welche die Arten am Naturstandort schützen und auch den Handel mit ihnen beschränken bzw. regeln.

① ◄ *Phalaenopsis wilsonii* **am Naturstandort in China** Alle Arten der Gattung *Phalaenopsis* können und werden in genügender Anzahl künstlich vermehrt. Teils übersteigt das Angebot, der aus künstlicher Vermehrung stammenden Pflanzen, die Nachfrage. Ein weiteres Sammeln am Naturstandort erscheint deshalb nur noch in Ausnahmefällen erforderlich.

Alle *Phalaenopsis*-Arten stehen im Anhang II des Washingtoner Artenschutz-Übereinkommens. Ihre Einfuhr ist somit nur mit gültigen CITES-Papieren (Convention on International Trade in Endangered Species of Wild Fauna and Flora) sowohl des Export- als auch des Importlandes sowie den dazu erforderlichen Gesundheitszeugnissen möglich. Kreuzungen bedürfen in der Regel nur der Gesundheitszeugnisse. Auf Importe von reinen Arten der Gattung *Phalaenopsis* sollte man verzichten, denn Pflanzen aus künstlicher Nachzucht sind bereits etabliert und dem Klima in unse-

② ▲ Schutz der Lebensräume Voraussetzung für wirklichen Artenschutz *Phalaenopsis amboinensis* eine gut etablierte, aufgebundene Pflanze. Nur die langfristige Sicherung der Lebensräume der Orchideen kann auch das Überleben der Arten am Naturstandort sichern. Dabei reicht die Ausweisung eines Naturschutzgebietes allein nicht aus. Es muss viel Aufklärung bei der Bevölkerung geleistet und den Menschen vor Ort eine sichere Existenz gewährleistet werden. Manche Phalaenopsis-Arten haben ein Verbreitungsgebiet von nur wenigen Quadratkilometern. Sind dieses Gebiet erst einmal vernichtet, verschwinden auch diese seltenen Arten dort. Sicherlich ist dies bereits häufig geschehen, bevor die Menschen diese Pflanzen überhaupt entdeckt hatten.

rer Region angepasst. Noch immer gehen die meisten gesammelten Pflanzen ein, bevor sie in den Handel kommen. Nur die Handelsregeln zu verschärfen ohne einen Schutz der Standorte zu gewährleisten, macht

aber keinen Sinn. Bringen Sie von Fernreisen auf keinen Fall Orchideen (auch nicht in Flaschen) mit, diese werden sonst nur bei der Einreise konfisziert und Ihnen drohen zudem hohe Geldstrafen.

Natur-formen und Hybriden

Gattung im Überblick

Die Gattung *Phalaenopsis* umfasst bislang mehr als 50 Arten, aber immer noch werden neue Arten entdeckt und offiziell beschrieben. Die letzten Beispiele sind die recht großwüchsige *Phal. doweryënsis* aus Sabah in Ostmalaysia und die kleine *Phal. malipoensis* aus China.

▸ **Die Gattung** ist eine typische Vertreterin der Pflanzenfamilie der Orchideen. Da die Blüten der Pflanzen die ersten Sammler an große Schmetterlinge oder Motten erinnerten, wurde der Name *Phalaenopsis* (Motten-ähnlich) für die Gattung gewählt.

▸ **Bei den Phalaenopsis**-Arten handelt es sich um Aufsitzerpflanzen (Epiphyten), selten um Lithophyten (auf Stein wachsende Pflanzen) mit kurzen Stämmen und fleischigen meist dauerhaften gegenständigen Blättern, bei denen die Blütenstände unterhalb der Blätter entspringen. Die aufrechten bis überhängenden Blütenstände sind mit kleinen bis recht großen langlebigen Blüten besetzt. Die Fahne und die Kronblätter stehen frei und sind einander ähnlich. Die Lippe ist auffallend dreilappig. Die Platte des ausgebreiteten Mittellappens zwischen den aufrecht stehenden Seitenlappen ist mit einer oder mehreren Schwielen (Kallus) besetzt. Die Gattung besitzt zwei Pollinien und unterscheidet sich dadurch deutlich von den verwandten Gattungen.

▸ *Phalaenopsis* ist die beliebteste Orchideengattung bei den Blumenfreunden in Mitteleuropa und wird als die Orchidee schlechthin betrachtet. Maßgeblich für diese Favoritenstellung ist sicherlich die außergewöhnlich lange Blütezeit. Keine andere Pflanzengruppe blüht so lange wie diese Orchideen. Voraussetzung dafür war vor allem die Möglichkeit, alle diese Arten miteinander zu kreuzen und künstliche Hybriden in einer fast schon unüberschaubaren Vielzahl zu züchten. Bislang sind mehrere Zehntausend Kreuzungen bekannt.

▸ **In Europa** werden jedes Jahr mehr als zwölf Millionen Pflanzen in den Handel gebracht. Es gibt fünf eng verwandte Gattungen um *Phalaenopsis*, wobei drei bis vier davon leicht miteinander zu kreuzen sind, wie *Kingidium*, *Doritis*, *Grussia* und *Sarcochilus*. Von einzelnen Botanikern werden die ersten drei auch als ein Teil der Gattung *Phalaenopsis* angesehen.

Lebensformen

Phalaenopsis-Arten wachsen epiphytisch, als Aufsitzerpflanzen auf bemoosten Ästen und Zweigen.

Lithophyten sind Pflanzen, die auf Felsen wachsen, oft in Moospolstern oder Humusnestern.

Terrestrisch wachsende Pflanzen wachsen direkt auf dem Boden. Pflanzen, die terrestrisch in Blatthumus wachsen, werden auch als Humusepiphythen bezeichnet.

Verwandte Gattungen

▸ **Die Gattung** *Kingidium* ist in der gleichen Region verbreitet wie *Phalaenopsis*. Dazu kommen aber noch Vorkommen in Indien und Srilanka. *Kingidium* unterscheidet sich von *Phalaenopsis* nicht nur durch die vier Pollinien, welche in zwei Paaren angeordnet sind, sondern auch durch das spornartige Gebilde der Lippe (Mentum), durch die am Grunde sackartig ausgeformte Lippe und durch die zwei seitlichen Zähne unterhalb der Seitenlappen. Bei dem Versuch, Vertreter der Gattungen *Kingidium* und *Phalaenopsis* miteinander zu kreuzen, wird nur selten

Phalaenopsis schilleriana bestens gepflegt und reich blühend.

SMART

Mehrgattungshybriden

› Die Kreuzungen zwischen *Phalaenopsis* und *Doritis* werden als *Doritaenopsis* bezeichnet.
› Die Kreuzungen zwischen *Phalaenopsis* und *Kingidium* tragen den Namen *Phalaenidium*, die mit *Sarcochilus* den Namen *Sarconopsis*.

keimfähiger Samen gebildet. Dies untermauert auch die These, dass es sich um zwei getrennte Gattungen handelt.

▸ **Die Gattung** *Doritis* unterscheidet sich vor allem durch das spornartige Mentum. Außerdem ist sie an den sehr fleischigen, steifen, meist etwas nach oben gerichteten Blättern erkennbar. Sie lässt sich recht gut mit *Phalaenopsis* kreuzen,

wobei die steifen Blätter zumindest für die ersten Generationen weitervererbt werden. Die neueste Gattung *Grussia* umfasst bislang nur eine Art, *Grussia appendiculata*. Sie unterscheidet sich von *Phalae-nopsis* durch die gestielten Blätter, den sehr kleinen Wuchs, die im Verhältnis zu den anderen Blütensegmenten überdimensionierte Lippe und die vier Pollinien. ●

Phalaenopsis amabilis

▶ Das Verbreitungsgebiet der Art erstreckt sich von Indonesien über Neu-guinea und die Philippinen bis nach Nordaustralien. Sie besitzt 2–5 bis zu 50 cm lange Blätter und einen überhängenden oft verzweigten Blütenstand mit recht vielen großen sehr attraktiven Blüten. Diese sind schneeweiß und bis zu 9 cm breit. Auffallend sind die zwei rankenartigen Fortsätze am Mit-tellappen der Lippe. Die Blütezeit reicht vom Frühjahr bis zum Sommer. Die Art ist Ausgangspunkt für die Zucht aller großblumigen Hybriden.

Phalaenopsis cornu-cervi

▶ Die im Erscheinungsbild recht variable Art ist in Sumatra, Borneo, Java, Myanmar und Thailand beheimatet und hat 3–5 bis zu 20 cm lange Blätter. Der bogenförmige sich zur Spitze verbreiternde geweihartige Blütenstand erbringt recht viele sich nacheinander öffnende Blüten von bis zu 4 cm Breite. Sie sind wachsartig glänzend, gelb bis grünlich mit rotbraunen Flecken. Die Art kann während des ganzen Jahres blühen. Sie wurde nur wenig zur Zucht von gefleckten kleinblütigen Hybriden eingesetzt.

Phalaenopsis equestris

▶ Epiphytisch wachsende Art von den Philippinen und Taiwan mit 2–5 bis zu 22 cm langen Blättern. Die leicht gebogenen, manchmal verzweigten Blütenstände entwickeln eine Vielzahl fast gleichzeitig geöffneter zarter Blüten. Diese sind bis zu 3,5 cm breit, rosa bis violett, manchmal auch weiß. Die Blütezeit reicht vom Herbst bis zum Frühjahr, ist aber auch zu anderen Jahreszeiten möglich. Die Art wurde vielfältig zur Zucht von kleinwüchsigen und kleinblütigen Hybriden eingesetzt.

Phalaenopsis hieroglyphica

▶ Die Art ist auf den Philippinen beheimatet und entwickelt 2–5 bis zu 30 cm lange Blätter. An dem bogenförmigen Blütenstand öffnen sich teils gleichzei-tig mehrere bis zu 6,5 cm breite Blüten. Die Grundfarbe reicht von weiß über ocker bis grünlich. Die Art ist in der Blüte etwas größer als die sehr eng ver-wandte Phal. lueddemanniana. Die Blütezeit erstreckt sich vom Sommer bis zum Herbst mit sehr langlebigen Einzelblüten. Bei zu heller Kultur werden an den Blütenständen sehr häufig Kindel ausgebildet.

Phalaenopsis lobbii

▶ Kleinwüchsige Art aus Sikkim, Bhutan, Assam, Myanmar und Vietnam mit 2–4 bis zu 12 cm langen Blättern. Die fast aufrechten bis hängenden Blütenstände entwickeln 4–8 fast gleichzeitig geöffnete auffällige weiße Blüten. Diese sind bis zu 2 cm breit und haben eine auffällige dreilappige Lippe mit kastanienfarbener Bänderung des Mittellappens. Die Blütezeit erstreckt sich von Januar bis Mai. Die Art wurde zur Zucht von kleinwüchsigen Hybriden eingesetzt.

Phalaenopsis violacea

▶ Die Art ist in Sumatra und Malaysia beheimatet. Sie hat 2–4 Blätter, welche 18–25 cm lang sind. Der bogenförmige Blütenstand bringt nacheinander bis zu 5 sehr ansehnliche duftende bis zu 7 cm breite Blüten hervor. Sie sind rosa-violett gefärbt mit grünlichen Spitzen. Die Blütenfarbe variiert je nach Standort sehr stark. So wurde eine regionale Varietät als *Phal. bellina* beschrieben. Die Blütezeit erstreckt sich von Juni bis Oktober. Die Art wurde gerne zur Zucht von farbintensiven duftenden Hybriden eingesetzt.

Doritis pulcherrima

▶ Kompakte, wüchsige Art aus Myanmar, Vietnam, Thailand, Malaysia, Singapur bis Sumatra. Sie zeigt einen Stamm von etwa 5 cm Höhe und 6–8 länglich-ovale, bis zu 12 cm lange, steife Blätter und bildet sehr gerne Seitentriebe aus. Der aufrechte Blütenstand wird bis zu 60 cm hoch und trägt viele Einzelblüten, die sich nacheinander öffnen, wobei immer mehrere Blüten gleichzeitig geöffnet sind. Die Blüte ist karminrot bis violett gefärbt und hat eine Gesamtgröße von 3–4 cm. Diese Art wurde sehr häufig zur Züchtung haltbarer Hybriden eingesetzt.

Kingidium deliciosum

▶ Kleinblütige Art aus Indonesien, Malaysia und Thailand. Typusart der Gattung *Kingidium*. Sie besitzt 2–4 bis zu 10 cm lange, bis zu 4 cm breite Blätter. Der Blütenstand entwickelt sich waagerecht und ist bis zu 30 cm lang ohne Verzweigung mit meist nur 1–2 gleichzeitig geöffneten Blüten. Diese sind etwa 1,4 cm breit, sind weiß und werden zur Mitte hin rot. Die Lippe ist dreilappig. Die Blütezeit erstreckt sich von Mai bis Juli, wobei jede der Blüten nur wenige Tage geöffnet ist. Die Art wurde nur wenig zur Zucht kleinwüchsiger Hybriden verwendet.

Kreuzungen der Gattung

Alle Arten der Gattung *Phalaenopsis* sowie ihre Verwandten *Doritis* und *Kingidium* lassen sich miteinander kreuzen.

Langjährige Zuchtbemühungen

Dadurch war es möglich, über viele Zuchtgenerationen in den letzten 120 Jahren mehrere 10 000 Hybriden in den verschiedensten Farben heranzuziehen und teils in großen Stückzahlen in den Handel zu bringen. Meist wurden die Kreuzungen offiziell mit Namen versehen und bei der Royal Horticultural Society in London zur Registrierung angemeldet. Damit ist es möglich, die Entstehungsgeschichte dieser Kreuzungen nachzu-

vollziehen und auch zu wiederholen. In der heutigen Zeit der Massenproduktion verzichten viele Großbetriebe immer häufiger auf diese offizielle Namensgebung und verwirren dadurch viele Pflanzenfreunde, die sich für die Vorfahren ihrer *Phalaenopsis*-Kreuzungen interessieren.

Durch Einkreuzen der Gattung *Doritis* in die *Phalaenopsis*-Gattung werden so genannte Zweigattungshybriden geschaffen, welche *Doritaenopsis* heißen. Von dieser Zuchtrichtung wurden bislang fast 6000 unterschiedliche Hybriden mit Namen registriert. Dagegen wurden bislang mit Arten der Gattung *Kingidium* kaum mehr als 20 Kreuzungen gezüchtet. Diese tragen den Mehrgattungsnamen *Phalaenidium* oder ehemals *Phaliella*.

Phalaenopsis
Orchid World

▸ **Kreuzung aus** *Phal.* Malibu Imp und *Phal.* Deventeriana, 1984 in den USA gezüchtet. Die Blütenstände tragen 1–7 gelbgrundige Blüten von fester Textur mit roten Punkten und einem Durchmesser von 6,5–7,5 cm.

▸ **Nach der Blüte** dürfen die Blütenstände nicht abgeschnitten werden, da sie weitere Blüten entwickeln können. Die Pflanze kann das ganze Jahr über blühen und ist damit eine der blühfreudigsten Orchideen und ideal für die Kultur auf der Fensterbank.

Phalaenopsis
Golden Peoker

Phalaenopsis
Ever-spring King

Phalaenopsis
Cordova

▸ Hybride aus *Phal.* Misty Green und *Phal.* Liu Tuen-Shen, die erstmals 1983 bei Brother Orchids in Taiwan gezüchtet wurde.

▸ Die Blütenstände tragen 5–16 weit ausgebreitete weiße bis gelbliche Blüten mit großen unregelmäßigen dunkelrotvioletten Flecken. Sie haben einen Durchmesser von 6,5–8,5 cm.

▸ Nach der Blüte können die Blütenstände an der Basis abgeschnitten werden.
Diese attraktive Hybride war Ausgangspunkt für die Züchtung der Harlekinformen (siehe Seiten 38/39).

▸ Kreuzung aus *Phal.* Golden Peoker und *Phal.* Chih Shang's Stripes, die 1992 bei Ever-spring Orchids in Taiwan erblühte.

▸ Ihre Blüten sind weißgrundig und mit unregelmäßigen großen, dunkel rotvioletten Flecken oder Punkten belegt. 6–18 große ausgebreitete auffällige Blüten mit einem Durchmesser von etwa 7–11 cm schmücken sie.

▸ Nach der Blüte können die Blütenstände an der Basis abgeschnitten werden. Diese Züchtung bildete die Basis der fast schwarzvioletten Hybriden.

▸ Hybride aus *Phal.* Golden Buddha und *Phal.* Zuma Garnet, die 1988 bei Zuma Canyon Orchids in Kalifornien gezüchtet wurde.

▸ Die horizontal stehenden 1–3 Blütenstände tragen je 3–7(9) intensiv rotviolette Blüten mit einem Durchmesser von 3–5 cm, von denen jeweils nur 2–3 gleichzeitig geöffnet sind. Der Blütenstand darf nach der Blüte nicht abgeschnitten werden, da diese Orchidee weitere Blüten während des ganzen Jahres entwickelt.

Kreuzungen

Weiße und weiß-rote Hybriden

▶ **Die Züchtung** mit der Gattung *Phalaenopsis* hatte am Anfang das Ziel, Pflanzen mit möglichst großen rein weißen Blüten in guter Ausrichtung heranzuziehen. Als Ausgangspunkt der Zucht verwendeten die Orchideenspezialisten anfänglich nur selektierte Pflanzen von *Phalaenopsis*

amabilis verschiedener Standorte. Diese waren unter verschiedenen Namen beschrieben worden, wie etwa *Phal. rosenstromii, Phal. rimestadiana, Phal. grandiflora*, sodass auch die daraus entstandenen Kreuzungen neue Namen erhielten, wie beispielsweise *Phal.* Giles Gratiot oder *Phal.* Elizabethae. Alle diese Pflanzen entsprechen aber in ihrem Aussehen vollkommen der ursprünglichen *Phal. amabilis*.

Der entscheidende Schritt

▶ **Den großen Durchbruch** erreichte man durch die Züchtung der *Phal.* Doris, einer Kreuzung aus *Phal.* Elizabethae mit *Phal.* Katherine Siegwart vor fast 70 Jahren. Obwohl sie eine leichte rosaviolette Färbung hatte, war sie der Ausgangspunkt für die Züchtung großer weißer Hybriden. Außerdem bildete sie die Basis für die Entwicklung der großen rosaviolett gefärbten Hybriden.

▶ **Durch die entsprechende Auswahl** der Mutterpflanzen zur Zucht wurde aber nicht nur eine deutliche Vergrößerung der Blüten erreicht, sondern auch eine Verbesserung der Textur und der Anordnung und Ausrichtung der Blüten. Die größten Blüten bringen es heute auf einen Durchmesser von fast 15 cm.

Längere Blühdauer

▶ **Durch Einkreuzung** weiterer verwandter Arten haben die Züchter zudem eine größere Anzahl von Blüten am einzelnen Blütenstand und eine verlängerte Blühdauer erreicht. Musterbeispiele dieser Bemühungen sind *Phal.* Alice Gloria, *Phal.* Cast Iron Monarch, *Phal.* Malibu und auch *Phal.* Papa Heide. Außerdem sind diese Hybriden recht robust, sehr wüchsig und auch überaus blühfreudig. Im Gegensatz zur reinen *Phal. amabilis* mit einer Blühdauer von etwa 6–8 Wochen, halten sich die Blüten der weißen Kreuzungen bis zu 3 Monate. Manche der modernen weißen Hybriden haben unter-

Phalaenopsis amabilis – Beginn der weißen Hybriden.

Eine typische weiße Hybride mit roter Lippe.

schiedliche Färbungen der Lippe. So gibt es Kreuzungen mit einer geringen gelben Einfärbung an der Lippenbasis, wie etwa *Phal.* Naseweis, *Phal.*Hakalau Queen und *Phal.* Schneewittchen. Hybri-den, die aus *Phal. philippi-nensis* entstanden sind, besit-zen gelbe Seitenlappen an der Lippe. Bei anderen ist die gesamte Lippe zitronen-bis blassgelb gefärbt. Beson-ders attraktiv wirken die Hybriden mit weißer Lippe und auffallend roter Lippe, wie etwa *Phal.* Conny.

▸ **Durch das Einkreuzen** klein-blütiger Arten und Hybri-den, wie etwa *Phal. equestris* haben Züchter die Anzahl der Blütenstände und auch die Blütenzahl gesteigert. Doch gleichzeitig hat sich dadurch die Größe der ein-zelnen Blüte etwas verrin-gert. Der Blütenflor mit einer Vielzahl von fast schneewei-ßen Blüten wird Sie dennoch überzeugen. ●

Pflegetipp

› **Besprühen Sie** zwar die Pflanze aber nicht die Blüten mit Wasser. Es bil-den sich sonst unschöne graue bis schwarze Fle-cken. Zudem bilden sich bei der Fensterbankkul-tur auch Kalkschlieren an den Fensterscheiben.

› **Die weißen Hybriden** eig-nen sich gut als Schnitt-blumen. Ihre Blütenstände mit den voll entfalteten Blüten halten in der Blu-menvase schadlos bis zu drei Wochen. Außerdem eignen sie sich für die Gestaltung von Gestecken.

Charmantes Rosaviolett

Erste Zuchtschritte mit *Phal. sanderiana*

▸ **Ein Ausgangspunkt** dieser Zuchtrichtung war die *Phalaenopsis sanderiana* mit ihren relativ großen, ausgebreiteten, leicht rosaviolett gefärbten Blüten. Die Art stammt von den Philippinen, genauer aus Mindanao und den Inseln Igat, Balut und Sarangani. Den zweiten Ausgangspunkt dieser Zuchtrichtung bildet die *Phal. schilleriana* von den Philippinen auf Luzon. Sie entwickelt etwas kleinere rosaviolette Blüten an langen herabhängenden teils verzweigten Blütenständen.

Da die Farbintensität der beiden Arten etwas variierte, wählte man die farbintensivsten Klone aus und züchtete durch die Kreuzung dieser beiden Spezies die erste relativ großblütige Hybride mit ansprechender rosavioletter Färbung, die *Phal.* Grand Conde. Sie blühte das erste Mal bereits 1929 bei der Firma Vacherot-Lecoufle.

Steigerung der Farbintensität

Durch Einkreuzen der großen weißen Hybriden und farbintensiver Naturformen von den Philippinen steigerten die Züchter sowohl die Farbintensität als auch die Blütengröße. So entstanden die *Phal.* Alger und *Phal.* Ninon ebenfalls in Frankreich. Sie bilden die Basis der heutigen rosavioletten Hybriden. Durch andauernde Selektion und gezielte Kreuzung der besten Klone gelang es über viele Zuchtgenerationen die Blütenfärbung weiter zu verstärken. Durch das Einkreuzen der leicht rosa überhauchten *Phal.* Doris erreichte man eine deutliche Vergrößerung der Blüten, eine Verbesserung der Textur und eine bessere Ausrichtung und Anordnung der Blüten. Ein Höhepunkt der damaligen Zucht und ein wichtiger Zwischenschritt zur Entwicklung der heutigen Hybriden stellte die *Phal.* Zada dar, eine Kreuzung zwischen *Phal.* Doris und *Phal.* San Songer. Auch wenn diese Hybride nicht immer stark gefärbte Pflanzen hervorbrachte, vererbte sie konstant die intensive Färbung und war damit Ausgangspunkt für die vielen herausragenden Hybriden dieser Zuchtrichtung. Beispiele

Eine kräftig rosaviolett blühende Hybride

Phalaenopsis Lightfoot – rosaviolette Kreuzung mit weißer Lippe.

dafür sind *Phal.* Malibu Pink und *Phal.* Barbara Beard. Die Lippenfarbe variiert je nach Kreuzung von rosa über rot. Eine besonders attraktive Farbkombination präsentiert die *Phal.* Hilo Lip, welche bei einer intensiv rosavioletten Blüte eine rein weiße Lippe zeigt.

40 Jahre Zucht

▸ In den folgenden 40 Jahren verstanden es die Züchter die rosaviolett gefärbten Hybriden so weit fortzuentwickeln, dass sie heute zu einem selbstverständlichen Angebot der Orchideenfachbetriebe geworden sind. Sie zeichnen sich durch Wüchsigkeit und Blühwilligkeit aus und bringen regelmäßig Blütenstände mit großen Blüten bei fester Textur und Haltbarkeit hervor. Die Blütezeit beträgt etwa drei Monate. Sie haben sich auch als Schnittblumen mit langer Haltbarkeit bewährt. ●

SMART

Pflegetipp

› **Nach dem Verblühen** können bei den weißen und rosavioletten Hybriden die Blütenstände ganz abgeschnitten werden. Zwar wird manchmal auch empfohlen, den Blütenstand oberhalb der zweiten Verdickung, dem Nodium, abzuschneiden, doch entwickeln sich dann nur schwache Blütenstände mit wenigen kleineren Blüten. Deshalb ist es sinnvoller auf einen völlig neuen Blütenstand mit größeren Blüten in 6–12 Monaten zu warten.

Geadert oder gepunktet

▶ **Um die Vielfalt** des Pflanzenangebotes zu erweitern, war es über lange Zeit ein Wunsch der Züchter, *Phalaenopsis*-Hybriden zu entwickeln, die neben einer klaren weißen, gelben oder rosavioletten Grundfarbe, auch eine interessante Blütenzeichnung bieten. Als Kreuzungspartner bot sich dazu die relativ kleinblütige *Phal. lindenii* von den Phi-

lippinen an, deren Blütenteile unterschiedlich intensive Streifen, bei fast weißer Grundfarbe der Blütenblätter und roter Lippe, tragen.

Durchbruch in der Züchtung erst 1964

Die Hybridisierung wurde von den Züchtern über lange Zeit völlig vernachlässigt, weil man sich keine großen Zuchtfortschritte erwartete – insbesondere die Blüten erschienen zu klein. Die Kreuzung mit *Phal. celebensis*, die *Phal.* Cellinde, und andere Primärhybriden zeigten aber deutlich, dass die Aderung der Blüten recht gut vererbt wird. Der große Durchbruch erfolgte 1964 bei Hugo Freed durch die Kreuzung der *Phal. lindenii* mit der *Phal.* Pink Profusion. Die entstandene *Phal.* Peppermint zeigte zwar etwas verkleinerte Blüten, aber eine sehr klare Aderung. Davon ausgehend wurde in vielen weiteren Zuchtschritten, insbesondere durch Einkreuzen der großblütigen weißen und rosavioletten Hybriden, eine Vielzahl von

herrlich rosarot geaderten, weißgrundigen oder rosavioletten Kreuzungen herangezogen. Musterbeispiele dieser Zuchtrichtung sind *Phal.* Struber Frühling oder *Phal.* Lemförde Classic Stripes. Sie zeigen eine attraktive Haltung und eine feste Textur der Blüten.

Geflammte Hybriden

▶ **In den letzten Jahren** versuchte man aus diesen geaderten Hybriden auch geflammte Formen zu entwickeln. Dabei verschwimmen die Adern mehr und mehr miteinander und die Ränder der Kron- und Kelchblätter sind deutlich rot eingefärbt, wie etwa bei *Phal.* Evelyn Weaver.

▶ **Ein weiteres Ziel** war neben der klaren Aderung der Blüten auch Hybriden mit gepunkteten Blütenblättern zu entwickeln. Die Einkreuzung der sehr großwüchsigen *Phal. gigantea* aus Borneo versprach Erfolg. Die ersten Zuchtversuche in dieser Richtung erbrachten zwar gepunktete, meist gelbgrundige Blüten, aber die Stellung der Blüten und die

Typische, aber trotzdem bemerkenswerte Aderung einer Hybride.

Phalaenopsis Smartissimo

meist sehr langen Blüten-
stände konnten nicht überzeugen. Erst viele weitere
Zuchtversuche, auch mit
anderen Arten der Gattung
und das Einkreuzen der
großblumigen Hybriden,
erbrachten die gewünschten
Ergebnisse: großblumige
Hybriden in Weiß oder Rosa
mit einer feinen roten Punktierung der Blüten. Besonders gelungene Exemplare
dieser Zuchtrichtung sind
Phal. Tosca, *Phal.* Frisson,
Phal. Punktum, *Phal.* Smartissimo, *Phal.* Rousserole und
auch einige Züchtungen mit
diesen Hybriden.

Geringes Angebot

▸ Leider werden solche
Hybriden nicht in großen
Stückzahlen herangezogen.
Zum einen erbringen die
Mutterpflanzen nur wenige
keimfähige Samen und zum
anderen dauert die Anzucht
auch länger und ist damit
etwas teurer. Die Nachfrage
nach diesen Kreuzungen
unterliegt außerdem stark
den schwankenden Mode-
trends, sodass sich die
Züchter eher etwas zurück-
haltend zeigen.

Kauftipp

› **Kaufen Sie die Pflanzen**
im Fachhandel, denn nur
hier kann die richtige
Fachberatung zur erfolg-
reichen Kultur erfolgen.
› **Wählen Sie die Pflanzen**
mit teils völlig oder fast
völlig geöffneten Blüten
aus, denn nur so können
Sie wirklich einschätzen,
ob die ausgewählte
Kreuzung Ihrem persön-
lichen Geschmack und
Ihren Ansprüchen ent-
spricht.

Frisches Gelb

Der Traum von der gelben *Phalaenopsis*

Über viele Jahrzehnte versuchte man rein gelbe Pflanzen zu züchten, um das Farbspektrum der angebotenen *Phalaenopsis*-Hybriden zu erweitern. Ausgangspunkt dieser Zuchtversuche war in erster Linie die recht variabel gefärbte und gezeichnete gelbgrundige *Phal. amboinensis*. Sie ist in Indonesien auf Ambon,

Sulawesi und den Molukken beheimatet, ist recht wüchsig und entwickelt mittelgroße, sternförmige Blüten.

Ein langer Weg

▶ Versuche, rein gelbe Hybriden durch die Einkreuzung anderer gelbgrundiger Arten zu erreichen, endeten meist in einer Sackgasse. Anfänglich glaubte man, dass die wüchsige und blühfreudige *Phal. manni* aus Nordindien

und Sikkim ein idealer Ausgangspunkt für die Züchtung sei. Kreuzungen mit den großblumigen weißen Hybriden, wie etwa *Phal.* Golden Louis, die Kreuzung mit *Phal.* Doris, zeigten aber dominant die Erbeigenschaften der *Phal. mannii*: relativ kleine Blüten mit krallenartig nach vorn gebeugten Blütenblättern.

▶ Kreuzungen mit *Phal. amboinensis* ergaben zwar gelbgrundige Hybriden, die aber alle in ihrer Größe und Form nicht überzeugen konnten. Außerdem hatten die Hybriden alle unschöne rotbraune Bänder und Flecken auf den Blütenblättern. Erst die Kreuzung mit der großblumigen rein weißen *Phal. amabilis* eröffnete den Weg zu rein gelben Hybriden. Die gezüchtete *Phal.* Deventeriana selbst führte aber noch nicht zum gewünschten Ergebnis, denn die Blüten zeigten zwar keine Flecken auf den recht großen gut geformten Blüten, aber sie hatten nur eine schwach gelbliche Grundfarbe. Bei der weiteren Züchtung mit dieser Hybride

Großblumige Phalaenopsis mit gleichzeitig geöffneten Blüten.

erhielt man jedoch überraschenderweise rein gelbe Blüten von teils sehr guter Qualität. Vorallem *Phalaenopsis* Deventeriana 'Treva' überzeugte die Züchter und bildete die Basis der heutigen großen gelben Hybriden, insbesondere *Phal.* Golden Buddha, *Phal.* Amadeus und *Phal.* Brother Lawrence.

▶ Da bei einer Aussaat aber nur ein kleiner Teil, der zur Blüte kommenden Pflanzen, den hohen Ansprüchen der Züchter in Färbung und Blütenreichtum entsprach, bedurfte es vieler weiterer aufwendiger Zuchtschritte mit farbstabilen Klonen. Insbesondere die Farbstabilität bereitete den Züchtern über viele Jahre große Probleme, denn meist verblassten die Blüten der neuen Züchtungen schon nach wenigen Tagen.

Gelbe sternförmige Blüten mit goldgelber Lippe und feiner roter Punktierung.

Frisches Gelb

SMART

Aus alt mach' neu

› **Die Blütenstände** dürfen erst abgeschnitten werden, wenn sie völlig vertrocknet sind. Bei den gelben Hybriden entwickeln sich meist an den Spitzen neue Blüten.

50 Jahre Zucht

Die Zucht der rein gelben Hybriden zeigt, wie lange es dauert, bis wirklich das erwünschte Zuchtziel erreicht wird. Mehr als 50 Jahre haben die Züchter gebraucht, um die Vererbungspotentiale der Arten und Hybriden so zu verstehen, dass es heute möglich ist, großblumige rein gelbe Hybriden anzubieten. Noch immer ist es aber nicht gelungen, die gleichen Stückzahlen, wie bei den rein weißen und rosavioletten Hybriden zu züchten. ●

Gelbgrundig oder gefleckt

Der Weg zu gelbgrundigen Blüten

Als Ausgangspunkt für die Züchtung der gelbgrundigen Hybriden dienten ähnlich gefärbte Naturformen. Insbesondere *Phal. lueddemanniana* von den Philippinen und *Phal. amboinensis* aus Indonesien ließen wegen der relativ großen Blüten viel für die Zucht erwarten. Aber auch die etwas kleinblütigeren Arten *Phal. mannii* aus Nordindien, *Phal. sumatrana* aus Sumatra und *Phal. fasciata* von den Philippinen wurden bei den züchterischen Versuchen verwendet. Manche Kreuzungen der ersten Zuchtgeneration waren bereits so ansehnlich, dass sie noch heute in den Sammlungen zu finden sind, wie etwa *Phal.* Mambo und *Phal.* Hymen, beides Abkömmlinge der *Phal. mannii*.
Die neuen Hybriden entsprachen trotzdem nicht den langfristigen Wünschen der Züchter, denn sie hatten im Vergleich zu den weißen Hybriden oft recht kleine Blüten in wenig befriedigender Stellung. Leider öffneten sich nur wenige Blüten gleichzeitig. Aber da sich die Blüten nacheinander öffneten, hatten diese Kreuzungen den Vorteil, dass sie das ganze Jahr über blühten. Manche dieser Pflanzen zeigten wirklich mehrere Jahre durchgehend geöffnete Blüten. Die gelben Blütenblätter waren rotbraun gebändert oder auch gefleckt.

Durchbruch mit *Phal.* Deventeriana

Durch die Einkreuzung von großblumigen weißen Hybriden versuchte man über viele Zuchtgenerationen die Blütenstellung und -größe zu verbessern. Ein Problem bereitete aber auch die Farbstabilität, denn viele, nach dem Erblühen gelbe Hybriden, verblassten schon sehr bald und wirkten dadurch eher unansehnlich. Insbesondere durch das Einkreuzen der blassgelben *Phal.* Deventeriana 'Treva' wurden farbstabile neue Hybriden erzeugt. Musterbeispiele dieser Zuchtrich-

Seltene gelbe Hybride mit roter Aderung der Blüten.

Phalaenopsis Yellow Queen mit feinen roten Punkten und roter Lippe.

tung und deren Weiterentwicklung sind *Phal.* Golden Buddha, *Phal.* Sonnentau,

SMART

Orchideen-Nachwuchs

› **Am Blütenstand** bilden manche der Hybriden Tochterpflanzen aus, sogenannte Kindel. Sind die Wurzeln mehrerer Zentimeter lang, werden die Kindel vorsichtig abgedreht und eingetopft. Dann entwickeln sich über die Zeit ganz normale Pflanzen mit einem entsprechenden Blütenflor.

Phal. Sonnenfleck und *Phal.* Wössner Gold. Einen Höhepunkt dieser Zuchtrichtung stellte insbesondere die *Phal.* Orchid World dar, eine Kreuzung zwischen *Phal.* Deventeriana und *Phal.* Malibu Imp. Sie bringt intensiv gelb gefärbte Blüten mit roter Lippe und roten Punkten oder Flecken auf den Blütenblättern hervor. Besonders durch die feste Textur und die ansprechende Stellung der Blüten überzeugt diese Hybride. Bei den gelbgrundigen Hybriden sollte man den

Blütenstand nach der Blüte stehen lassen und nicht abschneiden, denn in der Regel schieben sie über einen längeren Zeitraum immer wieder Blüten nach. Zwar sind dann oft nur eine oder zwei Blüten an einem sich mehr und mehr verlängernden Blütenstand geöffnet, aber die Blütezeit kann sich auf deutlich mehr als ein Jahr ausdehnen. Die bereits blühenden Pflanzen machen praktisch jährlich einen weiteren, ebenfalls lange haltenden Blütenstand. ●

Intensives Rotviolett

Das Ziel der Züchter ist immer wieder die Verbesserung der Blütenqualität und insbesondere die Entwicklung neuer ungewöhnlicher Farben. Die *Phal. violacea* aus Indonesien und auch *Phal. pulchra* von den Philippinen zeigen derartig ungewöhnliche Blütenfärbungen, dass sie die Basis für die Züchtung von intensiv rotvioletten Hybriden bildeten. Bereits die erste Zuchtgeneration konnte überzeugen, wie die nur selten angebotene *Phal.* Memoria Hans Werner Pelz (Kreuzung zwischen *Phal. equestris* und *Phal. pulchra*) oder die *Phal.* Equalacea (Kreuzung zwischen *Phal. equestris* und *Phal. violacea*) beweisen.

Beginn der Züchtung mit *Phal. violacea*

Die Kreuzung zwischen *Phal. lueddemanniana* und *Phal.* violacea, die *Phal. Lueddeviolacea*, überzeugte nicht nur als schöne Einzelpflanze, sondern diente auch als idealer Ausgangspunkt für die Züchtung farbintensiver neuer Hybriden. Ergebnisse dieser Zucht waren u.a. die *Phal.* Malibu Imp und *Phal.* George Vasquez. Über viele Zuchtschritte wurde durch weiteres Einkreuzen der *Phal.* violacea und anschließende Auswahl (Selektion) die Farbe immer stärker intensiviert. Teils wurden hunderte Pflanzen zur Blüte gebracht, nur um die farbintensivsten Klone zur weiteren Zucht auszuwählen. Ob die viele Arbeit aber wirklich von Erfolg gekrönt sein würde, konnten die Züchter erst nach mehreren Jahren überprüfen, denn die Anzucht dieser Pflanzen dauerte besonders lange. Von der Aussaat bis zur Blüte konnten 3–5 Jahre vergehen. Bedauerlicherweise öffneten die Pflanzen meist nur eine bis drei sternförmige Blüten gleichzeitig. Gelungene Exemplare dieser Zucht waren u.a. *Phal.* Mahalo, *Phal.* Tabasco Tex, *Phal.* Spirit House oder *Phal.* Red Dream. Sie benötigten 10–13 Zuchtgenerationen, also eine Zuchtdauer von

Phalaenopsis Spirit House – besonderes Beispiel dieser Zuchtrichtung.

30 bis 50 Jahren. Manche dieser Kreuzungen sind heute kaum noch zu wie-

Phalaenopsis 'Red Rust' – *gleichmäßig geformte und gefärbte Blüten.*

SMART Kauftipp

› **Die Anzucht** dieser farbintensiven Kreuzungen ist recht aufwendig und zeitraubend. Deshalb werden sie im Handel nur selten angeboten, zu einem meist gegenüber den anderen Kreuzungen deutlich höheren Preis. Die Pflanzen danken es Ihnen aber dadurch, dass sie während des ganzen Jahres immer wieder neue Blüten entwickeln.

derholen, da für ihre Entwicklung die besten Klone der vorherigen Zuchtschritte verwendet wurden und diese Klone befinden sich heute nicht mehr in Kultur. Durch Einkreuzen von großblumigen weiß und rosa gefärbten Hybriden hoffte man im nächsten Zuchtschritt die Blütengröße und die Wüchsigkeit zu steigern. Leider führte das aber nicht zum erwünschten Ergebnis. Somit ist diese Zuchtrichtung heute nur von geringem kommerziellem Interesse für die gärtnerischen Betriebe.

Wenige Blüten

Auch, wenn die wenigen derzeit im Handel befindlichen intensiv rotviolett gefärbten Exemplare nur sehr wenige Blüten gleichzeitig öffnen, sind sie wegen ihrer Farbintensität, der festen Blütentextur und der sehr langen Blühdauer von sehr großem Interesse für die Blumenfreunde. Da sich an der Spitze des Blütenstandes immer wieder neue Blüten entwickeln, kann sich die Blühdauer eines Triebes über mehrere Jahre erstrecken. ●

Harlekin-
Hybriden

In den letzten Jahren kamen vermehrt Orchideenzüchtungen aus Japan und Taiwan mit neuen Farben und Blütenzeichnungen nach Europa.

Zucht mit *Phal.* Golden Peoker

Bereits 1983 erblühte bei Brother Orchids in Taiwan eine der herausragendsten Züchtungen, die *Phal.* Golden Peoker, welche Ausgangspunkt einer neuen Zuchtrichtung werden sollte. Die Pflanze zeichnete sich durch große weiße bis gelbe Blüten aus, deren Blütenblätter unregelmäßig mit fast roten bis schwarzvioletten Tupfen bedeckt sind. Bereits kurze Zeit nach dem Erblühen der ersten Klone, wurde diese Kreuzung zur Züchtung weiterer neuer farbenprächtiger Hybriden eingesetzt. Ziel war es einerseits die Blüten zu vergrößern, die Farbe zu intensivieren und andererseits die Anzahl der Blüten zu steigern. Besonders erfolgreich war dabei Ever-spring Orchids aus Taiwan. Durch Einkreuzen der *Phal.* Chih Shang's Stripes entstand *Phal.* Ever-spring King. Die großen weißen Blüten sind intensiv dunkel bis schwarzviolett, besonders zum Zentrum hin, gefleckt. Anfänglich zeigten manche der gezüchteten Klone eine schlechte Blütenstellung mit stark zurückgebogenen Blütenblättern. Durch entsprechende Auswahl ließ sich dieser Mangel bald beheben. Bereits kurze Zeit nach der Züchtung wurde diese Hybride in Zellkultur vermehrt (meristemisiert) und in großen Stückzahlen auf den Markt gebracht.

Doritaenopsis
I-Hsien Black-Jack

▶ Kreuzung zwischen *Phalaenopsis* Golden Peoker und *Doritaenopsis* Leopard Prince.

▶ Durch die Einkreuzung von *Phal.* Ever-spring Light und auch *Doritaenopsis* Leopard Prince wurde eine deutlich bessere Blütenhaltung erreicht. Diese Kreuzungen wurden bereits kurz nach ihrer Erstblüte zur weiteren Zucht eingesetzt und waren Ausgangspunkt einer völlig neuen Hybridenlinie, den weißgrundigen Kreuzungen mit unterschiedlich großen dunklen bis fast schwarzen Punkten und Flecken.

Doritaenopsis
Choun Xen Diamond

Phalaenopsis
Haur-Jin Diamond

Phalaenopsis
Dou-dii Golden Princess

▸ Kreuzung zwischen *Phalae-nopsis* Golden Peoker und *Doritaenopsis* Judy Valentine. Typische weißgrundige Harle-kin-Hybride.

▸ Da die Färbung und Fleckung der Blüten an die Harlekin-Masken erinnerten, setzte sich auf dem Markt langsam der Name Harlekin-Hybriden durch.

▸ Inzwischen sind die dunkel-violett gefärbten Hybriden auf dem japanischen Markt gut etabliert und auch die euro-päische Nachfrage steigt, so dass die Züchter insbesondere in Taiwan und auch Japan ver-suchen weitere neue Farben und Blütenzeichnungen zu entwickeln.

▸ Kreuzung zwischen *Phalae-nopsis* Golden Peoker und der gelbgrundigen *Phalaenopsis* Ching Her Buddha.

▸ So wurde die gleiche Zucht-richtung unter Verwendung gelber Kreuzungspartner fort-gesetzt. Damit gelang es ein großes Angebot an gefleckten gelbgrundigen Hybriden zu erzeugen. Beispielhaft zeigt dies die *Phalaenopsis* Haur Jin Diamond in einer gelben bis weißlichen Grundfarbe mit recht großen dunkelroten bis schwarzroten unregelmäßig geformten Flecken.

▸ Kreuzung zwischen *Pha-laenopsis* Salu Princess und *Phalaenopsis* Golden Sun. Attraktive gelbgrundige Har-lekin-Hybride. Die Größe und Verteilung der schwarzvioletten Flecken ist sehr variabel.

▸ Inzwischen haben auch einige Züchter in Europa begonnen Harlekin-Hybriden für den europäischen Markt erfolgreich heranzuziehen und auf dem Markt anzubieten. Neben der interessanten Blü-tenfärbung haben diese Züch-tungen einen großen Vorteil gegenüber vielen z. B. gelb-grundigen Hybriden aus der Vergangenheit: Sie öffnen gleichzeitig mehrere Blüten, welche bis zu drei Monate die Orchideenfans erfreuen.

Harlekin-Hybriden

Klein, aber oho – Miniorchideen

Da viele Orchideenfans für die Kultur ihrer Pflanzen auf der Fensterbank nur wenig Platz zur Verfügung haben, bestand ein Ziel der Züchter auch darin, kompakte kleinwüchsige Kreuzungen in großer Farbvielfalt zu entwickeln.

Anfänglich wurde versucht, die kleinwüchsigen Arten, wie *Phal. lobbii* und *Phal. parishii* mit anderen Arten der Gattung zu kreuzen.

Phalaenopsis Mini Mark

Zwar war das Ergebnis recht ansprechend, aber es bereitete Probleme, große Pflanzenstückzahlen mit gleichzeitig geöffnetem vielblütigem Blütenstand heranzuziehen. Eine der ersten Hybriden, welche in großer Stückzahl auf den Markt kam, war die *Phal.* Mini Mark mit relativ kleinen sternförmigen Blüten in weißer Grundfarbe, feinen rötlichen Punkten und roter Lippe.

Der Weg zu den Miniatur-Hybriden

Ausgehend von Kreuzungen der *Phal. equestris* mit ihrer großen Anzahl gleichzeitig geöffneter attraktiver Blüten, wie etwa *Phal.* Be Tris, gelang der Einstieg in die Züchtung wirklicher Miniatur-Hybriden in großer Vielfalt.

Durch Einkreuzen von großblumigen weißen, rotvioletten und gelben Hybriden konnte das Angebot an Miniatur-Hybriden entscheidend erweitert werden. Teils wurden dabei auch Hybriden der Gattung *Doritis* einge-

kreuzt, sodass der Hybridname *Doritaenopsis* lautet. Ein Paradebeispiel für diese Zuchtrichtung ist die *Doritaenopsis* Sogo Gotris, die Kreuzung mit der *Doritaenopsis* Sogo Manager. Die Hybride überzeugt durch ihre gelblichen Blüten mit roter Lippe.

Außerdem benutzte man zur Zucht auch zwergartig wachsende Klone verschiedener *Phalaenopsis*-Arten, wie z. B. *Phal. amabilis, Phal. amboinensis,* oder auch gleichartige Pflanzen aus der Anzucht von Hybriden. Sie tauchten zwar selten, aber immer wieder in den Nachzuchten auf, und waren für den normalen Handel nicht geeignet. Zudem benutzte man zur Zucht kompakt wachsende, etwas kleinere Klone der bekannten Arten und Hybriden. Sie zeigten sich in der Zucht recht stabil in der Vererbung.

Die typischen MiniaturHybriden haben eine Pflanzendurchmesser von 15–25 cm von Blattspitze zu Blattspitze. Die Blüten sind 2–4,5 cm groß und der Blütenstand ist bis zu 25 cm lang.

Was kommt noch?

Doritaenopsis Sogo Gotris, eine hübsch gefärbte Mini-Orchidee.

In letzter Zeit kamen weitere interessante Kreuzungen in den Handel, welche die Erfahrungen bei den Minia-turen mit denen der Harle-kin-Hybriden verknüpfen. So wurden Pflanzen mit weiß-grundigen, etwa 3–4 cm großen Blüten mit großen schwarzvioletten Tupfen gezüchtet. Auch die ersten derartigen gelbgrundigen Phalaenopsis wurden zum Leben erweckt. Die Entwick-lung solcher Hybriden befin-det sich noch im Anfangssta-dium. Sie eröffnen für die vielen Orchideenfreunde mit schmaler Fensterbank nun die Möglichkeit, platzspa-rend eine Vielzahl von Pflan-zen zu kultivieren.

Pflegetipp

› **Nach der Blüte** sollten Sie die Zwerge umgehend in einen 9 cm-Topf und ein Jahr später in einen 11 cm-Topf verpflanzen. Damit lässt sich die Feuchtigkeit im Topf bes-ser kontrollieren und ein Vertrocknen der Pflanzen kann vermieden werden.

Was ist zu beachten?

Manchmal bereiten diese Miniatur-Hybriden einige Probleme. Sie werden noch sehr jung und in sehr klei-nen Anzuchttöpfen mit recht wenig Pflanzstoff in den Handel gebracht. Dadurch trocknen sie sehr schnell aus und werfen ihre Knospen und Blüten ab. Deshalb soll-ten Sie die Feuchtigkeit des Substrats alle 2–3 Tage kon-trollieren und die Pflanzen nach dem Abblühen in einen etwas größeren Topf ver-pflanzen. ●

In guter
Gesellschaft

Wie alle Lebewesen so liebt es auch die *Phalaenopsis* in guter Gesellschaft und nicht alleine zu sein. Am besten suchen Sie, unter den (sub)tropischen Gewächsen nach passenden Begleitern.

In Mittel- und Südamerika gibt es in der Natur fast überall wo Orchideen wachsen auch Bromelien. Manche vergnügen sich auf der Erde, aber die meisten zieht es wie die Orchideen höher hinaus und sie bewohnen als Aufsitzerpflanzen Bäume und Äste. So kann man bei Bromelien Kulturbedingungen anwenden, die man bei ihren Nachbarn schon kennengelernt hat. Besonders interessant und robust ist die Gattung *Tillandsia*. Die meisten Arten bleiben recht klein und handlich. Die eng verwandte Gattung *Vriesea* wird meist schon etwas größer und Vertreter der bekannten Gattungen *Guzmania, Bilbergia* und *Aechmea* sind meist zu groß für ein Blumenfenster. Viele Tillandsien-Arten kann man auch in Töpfen halten, aber aufgebunden fühlen sie sich wohler. Sie sollten keinesfalls Pflanzen wählen, die auf Steine oder anderes Material aufgeklebt sind. Da sie mit Heißkleber auf ihrer Unterlage fixiert werden, sind

◄ **Die hier gezeigte Bromeliengattung** *Guzmania* wird wie eine *Phalaenopsis* gepflegt. Auch hier empfiehlt sich eine Kultur in Hochtöpfen. Die Pflanzen brauchen einen hellen Platz auf der Fensterbank oder ganz in der Nähe. Auch wenn die Wohnung so behaglicher wirken würde – stehen die Pflanzen zu lange an einem dunklen Standort, verkümmern sie.

sie meist geschädigt oder sogar schon tot. Das Schöne an Tillandsien-Arten ist, dass sie auch Blüten bringen. Nach dem Blühen erscheinen langsam meist mehrere neue Jungtriebe, die alte Pflanze stirbt langsam ab. Das trockene Material können Sie aus dem Pulk entfernen oder auch jede Jungpflanze allein für sich setzen. Oft binden Floristen etwas *Tillandsia usneoides* um die Basis der *Phalaenopsis*-Pflanzen. Was aussieht wie Rübezahls Bart ist eine Bromelie, die sonst ohne Wurzeln in der Luft hängt. Diese Pflanze sollten Sie keinesfalls an der *Phalaenopsis* lassen, sondern einzeln aufhängen. Sonst bleibt zuviel Feuchtigkeit an der Orchidee und beide Pflanzen können erheblichen Schaden erleiden.

Auch Efeu (*Hedera* spec.) gibt es inzwischen in Arten und Züchtungen mit kleinen und panaschierten Blättern. Wenn die Triebe zu lang werden, können Sie sie einfach abschneiden. Schöne Begleiter sind auch Blattpflanzen wie Hüllenklaue (*Hypoestes phyllostachya*) und kleine Buntnessel-Arten (*Coleus*), die ebenso wie die Blatt-Begonien auffallend gefärbte Blätter haben.

② ▲ **In diesem breiten** und ausgebauten Blumenfenster wurden mehrere verschiedene Begleitpflanzen arrangiert. Anthurien gibt es heute in vielen ausgewachsenen Größen und auch Farben, sodass Sie diese Pflanze je nach persönlichem Gusto auswählen können. Nebenan kann der kleinblättrige *Ficus pumila* mit der Zeit sehr wuchern, aber auch einen starken Rückschnitt nimmt er klaglos hin. Bei den Kalanchoe, die es nicht nur in orange gibt, muss man auf Wollläuse achten, die diese Pflanzen gern befallen. Schön präsentieren sich auch Callisie (*Callisia*), Drehfrucht- (*Streptocarpus*) oder Paprikapflanzen (*Capsicum*).

Phalaenopsis gut gepflegt

SPEZIAL

Licht

▸ **Die Arten und Hybriden** der Gattung *Phalaenopsis* brauchen weniger Helligkeit als andere Orchideen. Direkte Sonne würde innerhalb weniger Stunden irreparable Schäden, ja den schnellen Verlust der Pflanze bedeuten. Am Ost- oder Westfenster gedeihen sie gut, selbst ein freiliegendes Nordfenster ist ausreichend. Ist die Fensterbank breit genug, kann man sie auch in die zweite Reihe stellen. Steht nur ein Südfenster zur Verfügung, so ist von April bis Oktober eine Schattierung unerlässlich. Dies kann man mit Jalousien, Rollos, Folie und ähnlichem erreichen, aber auch Begleitpflanzen können als Schattenspender fungieren.

▸ **Auch eine Pflege** unter Kunstlicht gelingt zumeist problemlos. Aber selbst bei geringeren Lichtbedürfnissen braucht eine *Phalaenopsis* dennoch genug Helligkeit. Eine Pflege auf dem Wohnzimmertisch ist nicht machbar, es ist einfach zu dunkel für die Pflanze. Eine *Phalaenopsis* braucht mindestens 600 Lux, um Blattgrün aufbauen zu können. Oftmals hat auch die Menge des Lichts Einfluss auf die Intensität der Blütenfarbe.

▸ **Eine *Phalaenopsis*** hat keine „Ruhezeit", sondern ist ständig am „arbeiten", d.h. sie muss das ganze Jahr über gepflegt werden. Was viele Anfänger unter „Ruhezeit" verstehen, ist die Zeit ohne Blüten. In dieser Zeit legt die Pflanze aber keine Ruhepause ein!

Wenn's zu dunkel wird

Sollte das Licht nicht ausreichend sein, was besonders in den Wintermonaten zutrifft, so reagiert die *Phalaenopsis* auf den Lichtmangel, in dem sie die Knospen abwirft. Dies ist ein natürlicher Vorgang und kein Schaden an der Pflanze. Das Ausbilden und Öffnen von Knospen ist für die Pflanze mit hohem Energieaufwand verbunden. Ist zu wenig Licht vorhanden, muss die Pflanze Energie sparen und wirft deshalb die Knospen als Ballast ab. Sind die Blüten erst einmal geöffnet, dann stellen sie für die Pflanze kein Problem mehr dar.

Die Lichtmenge hat natürlich auch einen großen Einfluss auf die Assimilisationsmöglichkeit der Pflanze. Je weniger Licht vorhanden ist, umso mehr Blattgrün muss

Lichtansprüche

Das menschliche Auge nimmt Licht anders wahr als die Pflanzen. Lassen Sie sich deshalb von einem „hellen" Eindruck nicht täuschen. Schon einen Meter vom Fenster entfernt gibt es nur noch ¼ der Lichtmenge und somit zum Wachsen nicht mehr genug.

Orchideen-Pflanzen auf Tischen, Regalen oder Mauersimsen können eine solche dunkle „Höhenherberge" nicht überleben. Die Pflanzen werden erst vor sich hin kümmern und dann eingehen.

Die Intensität der Blütenfarbe ist oft auch von der zur Verfügung stehenden Lichtmenge abhängig.

gebildet werden und die Blätter erscheinen „grüner". Hat die Pflanze viel Licht zur Verfügung, dann sind die Blätter viel heller. Die „Haut" der Pflanze verhält sich also entgegengesetzt zur menschlichen Haut. Es ist leider ein häufiger Irrtum, dass helle Blätter stets eine Krankheit anzeigen würde. Erhält die Pflanze allerdings tatsächlich zu viel Licht bzw. Sommersonne, dann entsteht auf den Blättern ein Sonnenbrand, den die Pflanze an diesem Blatt nicht mehr reparieren kann (siehe Seite 61).

SMART

Künstliche Beleuchtung

> **Sollte das natürliche Licht** für die Pflanzen nicht ausreichen, so müssen Sie für Zusatzlicht sorgen. Gerade *Phalaenopsis*-Arten sind hervorragend geeignet für eine Kultur unter Kunstlicht.
> **Manche Sammler** kultivieren Ihre Pflanzen sogar unter ständigem Kunstlicht. Der sonst dunkle Keller wird zum Gewächshaus umgewandelt.

Einseitiges Licht

Da Pflanzen auf der Fensterbank immer nur von einer Seite Licht erhalten, wachsen sie auch zu dieser Lichtquelle hin. Dadurch neigt sich die Sprossachse zum Fenster. Sie können einmal im Jahr die Pflanze deshalb umdrehen. Öfter sollte das nicht geschehen, sonst bekommt die Pflanze einen „Drehwurm". Durch das Drehen müssen Sie aber mit einer kurzen Stagnation der Blatt- und Blütenentwicklung rechnen. Einen schiefen Wuchs können Sie eventuell beim nächsten Umtopfen korrigieren. ●

Licht

Die richtige Temperatur als ein wichtiges Kriterium

Als typische Pflanzen der Tropen vertragen *Phalaenopsis* ganzjährig warme Temperaturen. Am besten gedeihen sie bei 18–25 °C. Im Sommer können sie auch 30 °C und mehr ohne Schäden vertragen. Die Grenze kann man leicht kontrollieren: Wenn man die Blätter anfasst und sie fühlen sich heiß an, dann ist es auch der *Phalaenopsis* zu warm. In der Natur ist selbst in den Tropen die Temperatur in der Nacht stets niedriger als am Tag. So braucht auch unsere *Phalaenopsis* in der Nacht weniger Wärme als tagsüber. Ohne diese Nachtabsenkung kommen die meisten Pflanzen nicht wieder zum Blühen.

Blüten herauslocken

Mit der Absenkung der Temperatur kann man den Blühbeginn geradezu steuern. Nach eine „Kühlperiode" von 3–4 Wochen bei 13–16 °C beginnen die Pflanzen nach 3–4 Monaten mit dem Blühen. In dieser Zeit brauchen die Pflanzen weniger Licht, weniger Wasser und einen Kalium/Phosphat-betonten Blühdünger.

Nachwuchs statt Blüten

Viele Pflanzen kommen bei gleichbleibend hohen Temperaturen nicht zum Blühen und bilden stattdessen Jungpflanzen (Keikis) aus. Diese Keikis entstehen an den Knoten (Nodien) der Blütenstände. Das Entstehen solcher Keikis ist keine Selbstverständlichkeit, aber auch keine ungewöhnliche Seltenheit. Wenn das Keiki fast erwachsen ist, also schon Blätter gebildet hat, die etwa halb so groß wie die der Mutterpflanze sind, und auch schon mehrere Wurzeln von mindestens 5 cm Länge hat, dann können Sie es am Blütenstand abschneiden und wie eine

Der grüne Daumen

Wie bei allen Lebewesen kommt es natürlich auch bei der *Phalaenopsis* auf die Summe der Rahmenbedingungen an.

Hat die Pflanze viel Feuchtigkeit, muss die Temperatur höher sein. Dabei wird auch mehr Dünger vertragen und benötigt.

Steht sie aber zu dunkel, kann sie diesen Dünger nicht verarbeiten.

Das Erkennen diese Zusammenspiels nennen manche „den grünen Daumen haben".

Doritaenopsis Leopard Prince – eine beliebte gepunktete Orchidee.

„normale" Pflanze eintopfen. Eine andere Vermehrungsart ist für Anfänger nicht möglich. Eine Vermehrung über Samen oder Gewebekultur (Meristem) ist sehr schwierig und nur unter Laborbedingungen möglich.

Keine kalten Füße

Viele Fensterbänke bestehen aus Marmor. Stein strahlt aber Kälte aus. Sie sollten

SMART

Vorsicht bei niedrigen Temperaturen!

› *Phalaenopsis* sind zwar wärmeliebend, können aber durchaus eine zeitlang auch kühler stehen.
› **Dabei müssen** die Pflanzen ziemlich trocken sein. Keinesfalls darf Feuchtigkeit auf den Blättern stehen, man kann dann die Pflanze im Extremfall innerhalb einer Nacht verlieren.

deshalb eine *Phalaenopsis* nicht direkt auf die Steinbank stellen. Auch wenn Sie Übertöpfe verwenden, sollten Sie auf die Steinbank ein Styroporbrett legen. Diese einfache Maßnahme kann am Fuß der Pflanze eine Temperaturdifferenz von bis zu 5 °C ergeben!
Achtung, wenn draußen Frost herrscht! Im Winter sollten Sie darauf achten, dass Ihre *Phalaenopsis* keinesfalls die Fensterscheibe berührt, es können sonst schnell ein Frostschäden entstehen. ●

Befeuchtung

Bei der Bewässerung werden die meisten Fehler gemacht, die eine Pflanze dann eingehen lassen. Auch wenn es in den Herkunftsländern oft schwere Regengüsse gibt, so werden die Pflanzen als Epiphyten sehr schnell wieder trocken. In den Töpfen sammelt sich aber das Wasser an und die Wurzeln faulen schnell. Sind die Blätter runzelig und fühlen sich schlaff an, dann sind die Wurzeln bereits abgestorben und die Pflanze fast nicht mehr zu retten.

Die richtige Menge

Für das Wässern kann man nur allgemeine Hinweise geben, Sie müssen die Bedürfnisse der Pflanze selbst sehen und erleben. So wie der Mensch im Sommer mehr trinkt als im Winter, braucht auch eine Pflanze bei höherer Temperatur mehr Wasser. Das heißt also im Sommer oder während der Heizperiode müssen Sie mehr oder öfter gießen als im Frühjahr und im Herbst. Bei kleineren Töpfen wird öfter Wasser benötigt als bei größeren. Üblicherweise gibt man bei einem Standardtopf (12 cm) einmal in der Woche etwa 1–2 Schnapsgläser Wasser. Ist es sehr heiß oder die Heizung unter dem Fensterbrett muss kräftig arbeiten, dann müssen Sie vielleicht auch zweimal die Woche wässern.

Pflegetipp

› **Oftmals** wird auch empfohlen, dass man die Blätter übersprühen soll. Davon ist aber besonders im Winter abzuraten, insbesondere wenn die Fenster alle geschlossen sind. Denn wenn die Pflanzen nicht schnell genug oberflächlich abtrocknen, entstehen sehr schnell Fäulnisstellen, die in sehr kurzer Zeit zum Verlust der Pflanze führen können.

Art und Weise

Manche Liebhaber möchten ihre Pflanzen lieber tauchen als gießen, doch das ist nur mit äußerster Vorsicht zu tun. Gerade bei dieser Bewässerungsmethode gehen die meisten Pflanzen ein, da sie ein Vielfaches an Wasser bekommen als beim Gießen. Meistens ist der Pflanzstoff noch nicht abgetrocknet, wenn bereits schon wieder getaucht wird.

Auch *Phalaenopsis* ertragen Trockenheit viel leichter als Nässe. Auf keinen Fall dürfen die Pflanzen mit ihrem

Abgetaucht

Möchten Sie in den Urlaub fahren, so empfiehlt sich für diese Zeit ausnahmsweise mal ein durchdringendes Tauchen der Pflanze.

Da eine anschließende kurze Trockenzeit der Pflanze nicht schadet, kann man sie auf diese Weise getrost einmal bis zu vier Wochen alleine lassen.

Keinesfalls sollte sie im Wasser stehen bleiben.

Trocknen die Blätter nicht schnell genug ab, entstehen sehr leicht Bakteriosen.

Topf im Wasser stehen! Sie müssen ganz besonders darauf achten, dass in der Mitte der Pflanze, dem sogenannten Herz, kein Wasser stehen bleibt. In der Natur ist eine *Phalaenopsis* nicht senkrecht, sondern um 90° geneigt. So kann kein Wasser im Herz stehen bleiben, sondern fließt nach außen ab. Bleibt im Herz Wasser stehen und die Temperaturen sinken, kann die Pflanze in einer Nacht zu faulen beginnen. Wichtig für das Gießen ist auch das Substrat („Orchideen-Erde"). Pflanzen, die in einem feuchtigkeitshalten-den Medium stehen (Moos, torfhaltige Substrate etc.) brauchen viel weniger Wasser als solche in wasser-durchlässigeren Substraten, wie Pinienrinde, Xaxim, Kokosfasern u.ä. Auf Blöcken aufgebundene Pflanzen benötigen öfter Wassergaben. Im Sommer oder während der Heizungsperiode muss fast täglich gesprüht oder besser noch getaucht werden. Wenn Sie sich eine kleine Sammlung von *Phalaenopsis* und anderen Orchideen aufbauen möchten, so empfiehlt es sich dringend, für alle Pflanzen ein einheit-liches Substrat zu verwenden. Das vereinfacht Ihnen das Geben von Wasser und die Kontrolle des Wasserstandes.

Welches Wasser?

Zum Bewässern verwenden Sie salzarmes Wasser. Am besten ist zwar Regenwasser geeignet, aber auch Trinkwasser mit einem Härtegrad von bis zu 12°dH, also dem mittleren Härtebereich, kann verwendet werden. Das Wasser sollte unbedingt Raumtemperatur haben. Zu kaltes Wasser wird auf Dauer bleibende Schäden bei Ihren Pflanzen hinterlassen. ●

Belüftung & Düngung

Luftfeuchtigkeit

Moderne Hybriden sind in der Kultur viel toleranter als Naturformen. Dazu gehört auch eine höhere Toleranz gegenüber der Luftfeuchtigkeit. Eine höhere Luftfeuchte erhält man ganz einfach durch spezielle Übertöpfe oder Pflanzwannen, in die man Blähton (keine Steine, die sind am Fuß der Pflanze zu kalt!) oder ein Kunststoffgitter gibt. Die speziellen Übertöpfe sind Hochtöpfe mit einem „Kragen" am oberen Rand, sodass die Töpfe darin hängen, oder mit einem Wulst im unteren Bereich bzw. einer Erhöhung im Boden. In allen Beispielen kann überschüssiges Wasser abfließen und die Pflanze steht nicht im Wasser. Die aufsteigende Feuchtigkeit des verdunstenden Wassers erhöht die Luftfeuchtigkeit.

Frische Luft

Orchideen lieben frische Luft. Noch mehr lieben sie aber Wärme und hassen Zugluft. Es ist deshalb für *Phalaenopsis* gefährlich, im Winter die Fenster zum Lüften zu öffnen, wenn die Pflanze noch auf dem Fensterbrett steht. Schon wenige Minuten können reichen, um zumindest die Blüten und Knospen abfallen zu lassen, wenn nicht gar die ganze Pflanze durch Kälteschock verloren geht.

SMART

Pflegetipp

> **Zu niedrige Luftfeuchtigkeit** lässt schnell unangenehme Mitbewohner wie Rote Spinne oder Läuse, besonders Wollläuse, herbeieilen.
> **Zu hohe Luftfeuchtigkeit** verursacht u.a. Flecken (Bakteriosen) auf Blüten und Blättern.

Richtiges Besprühen

Sehr häufig wird empfohlen, die Blätter mit Wasser zu besprühen. Grundsätzlich erfreut das unsere Pflanzen. Aber achten Sie darauf, dass das Wasser nicht im Herz der Blätter zusammenläuft. Die Blätter müssen baldmöglichst wieder abtrocknen und das geschieht hauptsächlich durch Luftbewegung. Im Sommer kann man dazu die Fenster öffnen. Im Winter sollten Sie das Übersprühen tunlichst unterlassen, wenn Sie keine Ventilatoren im Blumenfenster installieren. Trocknen die Blätter zu langsam ab, führt

Viel hilft viel?

Bitte achten Sie darauf, die Pflanzen nicht zu überdüngen.

„Viel hilft viel" stimmt nicht. Es kommt nur zu einer gefährlichen Anlagerung der Düngersalze im Substrat, besonders im Wurzelbereich. Mit der Zeit werden die Salze die Wurzeln verbrennen und die Pflanze geht zu Grunde. Kräftiges Durchspülen des Substrats wäscht die Düngersalze etwas heraus.

das sehr schnell zu Bakteriosen und Pilzkrankheiten, die bis den Verlust der Pflanze bedeuten können.

Passende Dünger

Auch für Orchideen gibt es einen speziellen Dünger. Es ist gesetzlich vorgeschrieben, dass der N-P-K Wert (Stickstoff-Phosphor-Kalium) auf der Verpackung angegeben sein muss. Für Orchideen allgemein empfiehlt sich ein Verhältnis von 15-5-10 (oder 3-1-2). Ebenso wird auf der Verpackung die anzuwendende Dosis angegeben. Meistens ist eine Verschlusskappe für einen Liter einmal im Monat angegeben. Es ist natürlich ebenso möglich wöchentlich eine Kappe für 4 Liter Wasser zu nehmen.

Zur Stärkung der Blühwilligkeit wird beim Blüh- oder Induktionsdünger der Phosphor- und Kaliumgehalt beträchtlich erhöht, z. B. 8-12-24. Diesen Dünger sollten Sie besonders in der Kühl-Zeit der *Phalaenopsis* anwenden.

Beim Besitz von nur wenigen Pflanzen könnten Sie unter Umständen auch handelsüblichen Dünger (der meistens aber ein Wachs-

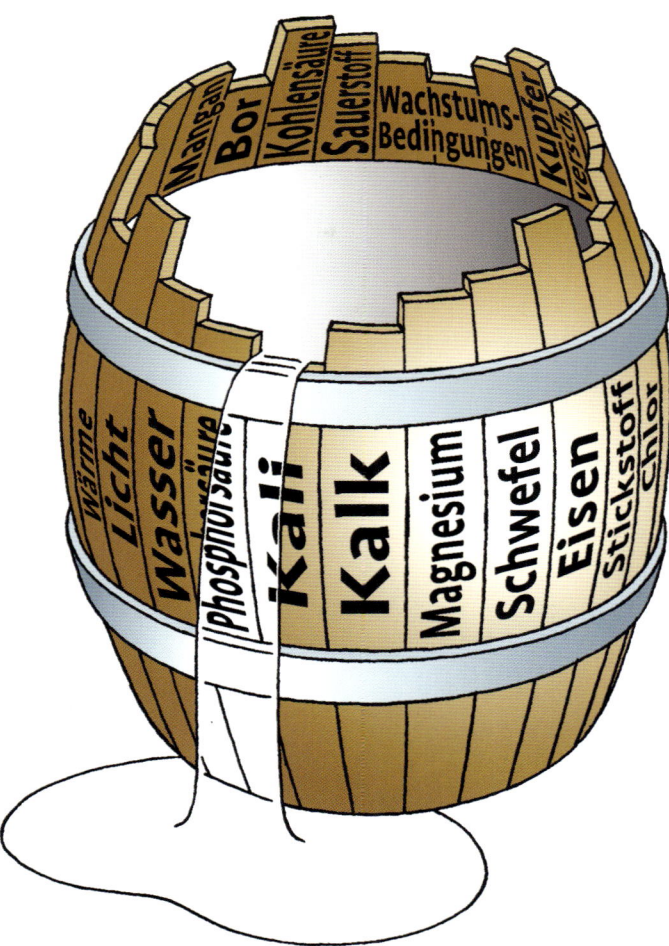

Das Gesetz vom Minimum von Justus von Liebig. Der schwächste Kulturfaktor bestimmt die Bedürfnisse der Pflanze. Anzustreben ist deshalb ein ausgewogenes Verhältnis aller Kulturfaktoren.

tumsdünger ist) verwenden, jedoch nur in stark verdünnter Dosierung. Auf Dünger kann man aber nicht gänzlich verzichten. Von Zeit zu Zeit sollte man die Pflanzen mal tüchtig tauchen oder intensiv wässern, damit eventuelle Düngerablagerungen ausgewaschen werden. Anschließend einmal den gewohnten Gießrhythmus aussetzen, damit man den gewohnten Feuchtigkeitspegel wieder erreicht. ●

Umtopfen
Step by Step

Die Arten und Hybriden der Gattung *Phalaenopsis* werden in der Regel in Töpfen kultiviert. Etwa alle 2–3 Jahre sollte umgetopft werden. Der beste Zeitpunkt kündigt sich an, wenn sich das Pflanzsubstrat zersetzt oder die *Phalaenopsis* nur noch Wurzeln über den Topfrand entwickelt und nicht mehr in den Topf hinein.

Aufgebundene Pflanzen erfordern eine viel höhere Luftfeuchtigkeit und sind am Fenster kaum zu kultivieren. Daher werden die *Phalaenopsis* durchwegs in Töpfen angeboten. Verwenden Sie am besten Kunststofftöpfe. In Tontöpfen verdunstet das Wasser viel schneller und die Feuchtigkeit lässt sich schwieriger regulieren. Die Farbe der Töpfe ist relativ egal. Modern sind eben die viel teureren durchsichtigen Töpfe, die aber kaum Vorteile bieten.

Im Handel werden vielerlei Pflanzsubstrate angeboten. Je höher der Rindenanteil ist, umso höher ist der Preis. Billige Substrate haben einen hohen Torfanteil und sind für die Kultur von *Phalaenopsis* nicht geeignet. Die meisten Orchideengärtner verwenden heute reine Pinienrinde oder eine Mischung mit sehr hohem Anteil an Pinienrinde.

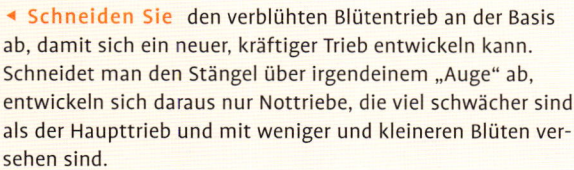

◄ **Schneiden Sie** den verblühten Blütentrieb an der Basis ab, damit sich ein neuer, kräftiger Trieb entwickeln kann. Schneidet man den Stängel über irgendeinem „Auge" ab, entwickeln sich daraus nur Nottriebe, die viel schwächer sind als der Haupttrieb und mit weniger und kleineren Blüten versehen sind.

1 ▸ **Man nimmt** die Pflanze aus dem Topf und entfernt säuberlich jeglichen Pflanzstoff.

2 ◂ **Dann schneiden** Sie sämtliche trockenen, verfaulten, abgestorbenen Teile mit einer desinfizierten Schere säuberlich ab.

3 ▸ **Die verbleibenden, gesunden Wurzeln** kürzen Sie auf Topfgröße. Das Substrat ist locker um die Pflanze in den Topf einzufüllen und nur am Topfrand (!) festzudrücken, sodass die Wurzeln nicht verletzt werden. Sie müssen darauf achten, dass die Pflanze nicht zu tief eingesetzt wird, sonst könnte sie leicht faulen.

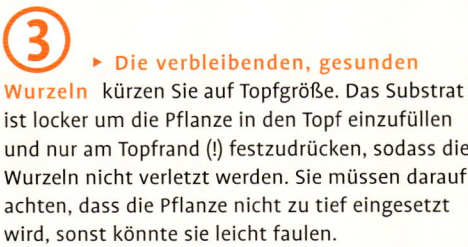

Aufstäben

Um es nochmals ins Gedächtnis zurückzurufen: In der Natur wachsen *Phalaenopsis* als Epiphyten, als Baumbewohner. Dort hängen sie an den Ästen und Stämmen, haben also einen ganz anderen Wuchs als die von uns in Töpfe gezwängten Pflanzen. Je nach Stärke der Blütenstände stehen sie waagrecht ab, sind bogig überhängend oder hängen nach unten. Nach europäischem Geschmack müssen aber Blütenrispen aufrecht stehen, weil das eben erdbewohnende Blütenpflanzen so tun.

Der richtige Zeitpunkt

Die Blütenstände von Epiphyten sind aber alle auf Hängen eingestellt. Da hilft nur ein Aufrichten und Festbinden. Bei den meisten Arten tritt eine Verholzung des Blütenstandes ein. Wird der Blütenstand also zu spät aufgestäbt, kann er sehr leicht abbrechen. Außerdem haben sich dann meist die Knospen auf einen hängenden Wuchs eingerichtet. Wenn man sie jetzt hochbindet, stehen sie in der „falschen" Richtung, sie stehen im wahrsten Sinne des Wortes kopf oder sind anderweitig verdreht. Sie müssen also die Entwicklung eines Blütenstandes von Anfang an beobachten und wenn er nicht einigermaßen nach oben wächst, müssen Sie ihn bei Zeiten, wenn der Trieb noch weich ist, aufbinden. Eventuell ist auch ein mehrmaliges Aufbinden möglich.

Die grünen Klammern sind kaum zu sehen.

Das richtige Material

Nehmen Sie einen ausreichend langen, dünnen Stab (im Handel Split- oder Tonkin-Stäbe genannt) und stecken Sie ihn nahe der Basis des Blütenstandes in das Substrat bis auf den Boden. Es ist besser einen zu langen

Stab zu wählen, denn den kann man abschneiden, wenn der Blütentrieb nicht so lang wird. Dann nimmt man ein Stück Gärtnerdraht (mit Kunststoff umgebener Draht), legt ihn um den Stab und den Blütenstand und verzwirbelt in einmal auf der anderen Seite. Dabei müssen

Sie können auch bewusst auffällige Stäbe zum Anbinden nutzen.

Sie vorsichtig sein, denn zwirbelt man den Draht zu fest, dann hat man leicht den noch weichen Blütenstand abgeschnitten.
Leichter und schneller geht es mit Klammern oder Clipsen, was auch durchaus

schöner aussieht. Sie gibt es in einfacher Form oder auch als Schmetterlinge oder Libellen in verschiedenen Farben. Es empfiehlt sich aber diese Klammer erst bei fast ausgewachsenen Trieben anzubringen, denn das Klammern kann bei Jungtrieben mitunter zu Wachstumsstörungen führen.
Beim Aufstäben sollte man auch auf die Harmonie der Farben achten: Grüne Stäbe und Klammern bei grünen Blütenständen, braune Stäbe und Klammern bei braunen Blütenständen. ●

SMART

Regeln zum Aufstäben

› **Das Aufstäben** muss rechtzeitig beginnen, wenn der Blütentrieb noch weich ist.
› **Ton in Ton** arbeiten: Grüne Stäbe, Draht oder Clipse bei grünen Blütentrieben

und braune Materialien bei braunen Blütentrieben.
› **Der Stab** soll so lang wie der Blütenstängel sein, sonst kann die Rispe leicht abbrechen, besonders bei vielen großen Blüten.

It's Showtime

Je nach dem, wie man eine Pflanze präsentiert, wirkt sie auch. Das gilt natürlich auch für unsere *Phalaenopsis*. Für Puristen ist die Pflanze der Star, ein Juwel der Natur, das man sammeln möchte. Die Pflanzen werden meist in breiten Pflanzkästen untergebracht, sodass möglichst viele nebeneinander Platz finden. Zuunterst werden Blähtonkügelchen gepackt oder ein passgenaues Kunststoffgitter. Durch diese Distanz der Pflanze zum Behälterboden kann beim Gießen überschüssiges Wasser abfließen und dabei auch die Luftfeuchtigkeit um die Pflanze erhöhen.

Passend getopft

Häufig werden Pflanzen in Übertöpfe gestellt. Nur sehr langsam setzten sich Hochtöpfe für Orchideen durch. Besonders bei *Phalaenopsis* bieten sich diese an, denn die Pflanzen wollen nicht im Wasser stehen. Genau dies kann bei Hochtöpfen nicht geschehen, denn sie haben entweder oben einen ver-breiterten Rand oder unten einen Kragen bzw. am Boden eine Erhöhung, jedenfalls immer ein Gebilde, das die Pflanze nicht im Wasser stehen lässt. Diese Übertöpfe gibt es inzwischen in (fast) allen Farben. Warum nicht mal ein dezent gelber Übertopf zu einer gelben *Phalaenopsis* oder ein violetter bei lila Blüten. Ton in Ton ist angesagt!

Blüten präsentieren

Für die Zeit der Blüte könnte man die Pflanze auch ganz anders unterbringen, z. B. hängend in einer Ampel. Hier bräuchten die Blüten-stände nicht aufgebunden werden (siehe Seite 56), sondern die Rispen könnten wie in der Natur frei hängen. Das wird in Ihrem Blumenfenster echt spektakulär aussehen. Da die Ampelgefäße meist etwas größer gestaltet sind, könnten Sie darin auch kleine bis mittlere Begleitpflanzen (siehe Seite 42) unterbringen. Im Zweifelsfalle könnten eventuelle Lücken mit Moos ausgefüllt werden.

Auch in Deutschland werden Fenster, die bis zum Boden gehen, immer häufiger und ebenso häufig hört man auch die Klage, man habe keine Fensterbretter für Pflanzen. Gerade an solchen Fenstern zaubern die verschiedensten

Dekotipps

Lassen Sie Ihrer Kreativität freien Lauf. Es ist alles erlaubt, was gefällt. Egal, ob kunterbunt oder Ton in Ton.

Der Star Ihrer Dekoration sollte aber immer Ihre *Phalaenopsis* sein.

Floristische Zusätze an Ihrem Arrangement sollten Sie nur sparsam einsetzen. Oftmals erschweren sie nur eine gute Kultur.

Üppig blühende weiße Phalaenopsis in einer anmutigen Amphore.

Gestelle bezaubernde Atmosphäre. Stellen Sie sich eine leicht gebaute Stellage vor in Treppenform. Was man da alles unterbringen kann. Und die oberen Pflanzen sind schon Schattenspender für die unteren. Unter dem Gestell kann man auch Räder anbringen, dann kann es leicht zur Seite geschoben werden, wenn die Fenster geöffnet werden sollen. Und man kann es leicht aus dem Luftzug nehmen.

Sie können die *Phalaenopsis* aber auch einzeln präsentieren, in dem Sie sie auf eine Art Säule stellen. Antike Säulen, amphorenartige Gefäße und Orchideen machen sich recht gut.

Für Leute mit viel Platz und Licht bietet sich auch die Baummethode an. Sie stellen einen sehr starken Ast eines Laubbaums senkrecht auf und entfernen alle kleinen Äste oder Sie bauen einen künstlichen Baum und verkleiden ihn dann mit Korkeichenrinde. An den Ästen befestigen Sie Kunststofftöpfe, die mit Moos, Kokos, Bast u.ä. verkleidet sind. Diese Töpfe kann man stets mit den blühenden Orchideen bestücken. Voilà, ein Hauch von Urwald und Urlaub ist fertig.

SMART

Nicht vergessen!

› **Beim Arrangieren** Ihrer *Phalaenopsis* sollten Sie immer auf eine ausreichende Belichtung achten.

Kulturfehler &
Schädlinge

Orchideen sind Lebe-wesen, die Sie pflegen und beobachten müssen, wenn Sie sich an der exotischen Blütenfülle erfreuen wollen.

Die häufigsten Probleme

Nach vielen Jahren der Beobachtung müssen wir feststellen, dass die farbenprächtigen, hochkomplexen Hybriden viel schneller und viel intensiver von Schädlingen befallen werden als Naturformen und Hybriden mit kurzem Stammbaum. Schädlingsbefall ist sehr häufig die Folge von Kulturfehlern, durch die die Pflanzen geschwächt werden. Ist eine Pflanze befallen, muss sie nicht gleich entsorgt werden. Sie sollten umgehend die Kulturbedingungen ver-

bessern und gegebenenfalls ein Insektizid einsetzen. Aktuelle Auskünfte über die entsprechenden Insektizide können Sie im Fachhandel einholen. Ihre Pflanzen sollten nicht zu dicht stehen, damit sie schneller abtrocknen und Schädlinge schneller erkannt werden können. Schwarze Punkte oder Flecken auf den Blättern oder Blüten deuten auf Bakteriosen hin. Sie entstehen, wenn die Pflanze nach dem Besprühen nicht schnell genug abtrocknet. Im Anfangsstadium wird die Pflanze nicht besonders geschädigt. Dagegen kann ein Fußbad auf Dauer für die Pflanze tödlich sein. Erste Anzeichen dafür sind schlaffe und ausgemergelte Blätter. Ständig feuchtes Pflanzsubstrat verrottet schneller – wird dann nicht rechtzeitig umgetopft, können die Wurzeln einen Schaden davontragen.

Stammfäule

Kulturfehler

▶ **Wenn Feuchtigkeit** in das Zentrum der Pflanze kommt und nicht schnell genug abtrocknet, dann zerstören Fäulnisbakterien die *Phalaenopsis*. Besonders bei tiefen Temperaturen geht dies sehr schnell. Auch wenn die Pflanze noch Blüten treibt, wird sie nicht weiter wachsen. Sehr starke Pflanzen bringen unter Umständen aus der Seite des Stammes einen neuen vegetativen Trieb. Es wird aber noch 3–5 Jahre dauern, bis dieser blühfähig ist.

Sonnenbrand

Kulturfehler

▸ Die Blätter sind gegen Sonne genauso empfindlich wie die menschliche Haut. Bei längerer Sonneneinwirkung wird das Blatt zunächst heiß, dann verfärbt es sich gelb. Sind die Blattzellen zerstört, sieht man die braunen bis schwarzen Brandflecken. Diese Schädigung ist irreparabel. Wenn nur ein kleiner Fleck verbrannt ist, wird es der Pflanze aber nicht weiter schaden. Im Winterhalbjahr vertragen die Pflanzen die Sonne, erst wenn die Blätter zu warm werden, müssen sie schattiert werden.

Taube Knospen

Kulturfehler

▸ Eine Stresssituation der Pflanze, bei der unnötiger „Ballast" abgestoßen wird. Dies wird hervorgerufen durch Lichtmangel, reifendes Obst, Abgase, Zigarettenrauch u.ä. Tritt, durch die veränderten Lichtverhältnisse, auch häufig nach dem Kauf auf. Besonders gefährdet sind solche Knospen, die unmittelbar vor dem Aufblühen stehen. Sind die Blüten schon geöffnet, dann sind sie gegenüber schädliche Einflüsse viel weniger empfindlich.

Wollläuse

Schädlinge

▸ Die kleinen Tierchen tauchen schnell bei warmen und trockenen Verhältnissen auf. Im Gegensatz zu den Schildläusen verbleiben die Tiere nicht an einem Fleck, sondern wandern auf der Pflanze herum und können sich dadurch explosionsartig vermehren. Meist sitzen sie unter den Blättern, hinter den Blüten oder anderen schwer zugänglichen Stellen. Durch die Saugtätigkeit der Tiere werden die befallenen Stellen an den Blättern hell. Diese Verfärbung ist nicht rückgängig zu machen.

Schädlinge

Infoecke

Top-Anbieter

Niederlausitzer Orchideen
Almosener Hauptstr. 3
01983 Allmosen
035753-14540
www.orchideen-lehradt.de

Großräschener Orchideen
W.-Seelenbinder-Str. 21
01983 Großräschen
035753-5791
www.orchideenwlodarczyk.de

Joachim Karge
Bahnhofstr. 24–26
21368 Dahlenburg
05851-266
www.karge-orchideen.de

Röllke Orchideenzucht
Flößweg 11
33758 Schloß Holte-Stukenbrock
05207-920539
www.roellke-orchideen.de

Cramer-Orchideen
Zum Steiner 9-13
83489 Berchtesgaden-Strub
08652-63438
www.cramer-orchideen.de

Peter Kopf
Hindenburgstr. 15
94469 Deggendorf
0991-371510
www.orchideen-kopf.de

M & M Orchideen
Käppelesweg 11
97539 Wonfurt-Steinsfeld
09521-94890
www.m-m-orchid.com

Luzerner Garten
Adligenswilerstr. 113
CH-6030 Ebikon
+41 (0)413756070
www.luzernergarten.ch

Zu den Autoren

▶ **Olaf Gruß** war Lehrer und schrieb bislang mehr als 400 Publikationen zum Thema Orchideen. Er ist ein anerkannter Spezialist auf dem Gebiet der *Phalaenopsis*- sowie Frauenschuh-Arten Lateinamerikas und Asiens.

▶ **Manfred Wolff** ist Orchideengärtner mit eigener Gärtnerei. Er kultiviert über 2 000 Orchideenarten und -hybriden. Den Mini-Orchideen und der *Encyclia*-Verwandtschaft sowie den *Phalaenopsis*-Arten gilt sein besonderes Interesse.

Josef Schronen
In der Elkes 3–5
54689 Daleiden
06550-1438
www.orchideen-schronen.de

Wössner Orchideen
Hauptstr. 28
83246 Unterwössen
08641-8350
www.woessnerorchideen.de

Erlebnisgärtnerei Lottenbac
Gishalde
CH-8465 Rudolfingen
+41 (0)52-3191904
www.tropical-paradise.ch

Bildquellen

Gruß, Olaf: S. 9, 11, 15, 16, 17, 21, 23(3), 23(4), 24, 25 li., 25 Mi., 25 re., 28, 29, 39 li., 39 Mi., 39 re., 41, 56, 16
Reinhard, Hans: U1, U4 re., S. 4, 6, 22 (1), 23(1), 26, 27, 30, 32, 33, 34, 38, 40, 43, 47, 59

Röllke, Lutz: S. 22(2), 61 li.
Rost, Christian: S. 13, 53, 54 li., 54 re., 55 li., 55 re.
Strauß, Friedrich: U4 li., S. 2/3, 5, 18, 42, 44, 57, 61 re.
Wolff, Manfred: S. 22(3), 22(4), 23(2), 31, 35, 36, 37, 49, 51, 60, 61 Mi.

Impressum

Bibliografische Information der Deutschen National-bibliothek
Die Deutsche Nationalbibliothek verzeichnet diese Publikation in der Deutschen Nationalbibliografie; detaillierte bibliografische Daten sind im Internet über http://dnb.d-nb.de abrufbar.

© 2008 Eugen Ulmer KG
Wollgrasweg 41, 70599 Stuttgart (Hohenheim)
E-Mail: info@ulmer.de
Internet: www.ulmer.de
Lektorat: Doris Kowalzik
Umschlag- und Innengestaltung: X-Design, München
DTP: juhu media, Susanne Dölz, Bad Vilbel
Druck und Bindung: Litotipografia-editrice Alcione, Trento
Printed in Italy

ISBN 978-3-8001-5670-2

Infoecke

Literatur

▶ **Chiba, Masaaki:** Phalaenopsis. Eigenverlag, 2002 (englisch).

▶ **Christenson, Eric:** Phalaenopsis. Timber Press, 2001 (englisch).

▶ **Gruss, Olaf/Wolff, Manfred:** Phalaenopsis. Ulmer, 1995.

▶ **Röllke, Lutz:** Das praktische Orchideen-Buch. Ulmer, 2. Aufl. 1998.

▶ **Rysy, Wolfgang:** Das BLV Orchideen Buch. 2001

▶ **Wolff, Manfred/Gruss, Olaf:** Orchideenatlas. Ulmer, 2007.

Haftung

Haben Sie Fragen?

Nach welchem Knoten (Nodium) soll ich die verblühte Rispe abschneiden? Der Blütenstand wird grundsätzlich an der Basis abgeschnitten. Aus den oberen Knoten können zwar evtl. Seitenzweige entstehen, die aber stets viel schwächer sind als der Haupttrieb.

Welche Vorteile bringen durchsichtige Töpfe? Sie bewirken zwar ein schnelleres Einwachsen der Pflanze in den Topf, sind aber weniger lange haltbar und vermoosen zudem sehr schnell.

Warum hat meine Pflanze sämtliche Knospen abgeworfen? Dafür gibt es verschiedene Möglichkeiten. Meist hat die Pflanze zu wenig Licht, sie steht zu weit vom Fenster weg oder mag die allgemeine Dunkelheit im Winter nicht. Auch reifendes Obst lässt durch Ausstoß von Ethylen die Knospen reifen und abfallen. Die gleiche Ursache kann reger Autoverkehr vor dem Fenster haben oder ein eifriger Zigarettenraucher. Als tropische Pflanze missfallen ihr kühle Temperaturen und Zugluft ist für alle Lebewesen ungesund. Deshalb Vorsicht beim Lüften, besonders im Winter.

Soll ich die Blätter meiner Pflanzen mit Wasser übersprühen? Lieber nicht! Wenn die Blätter nicht schnell genug abtrocknen, stellen sich schnell Blattflecken (Bakteriosen) ein. Das Wasser kann auch ins Zentrum der Pflanze fließen und die gefürchtete Herzfäule verursachen. Das Absinken der Temperatur über Nacht wird diese Gefahren noch verstärken.